« Divin et Sacré »

Collection dirigée par Baudouin Decharneux

ISBN : 978-2-8066-4166-3   D/2024/9202/3

© **EME Éditions**
10 rue du Poirier
B-1348 Louvain-la-Neuve

Tous droits réservés. Reproduction interdite sauf autorisation expresse.

www.eme-editions.be

Avec ou sans masque

Le personnage féminin dans les comédies de Ion Luca Caragiale

Ioana Raluca Zaharia

Préfacé par
Florin Faifer

À mes parents, Maria et Doru Zaharia

Sommaire

Prefață
Ioana Raluca Zaharia, în joc de oglinzi   9
par Florin Faifer

À travers les siècles,
Raluca bras-à-bras avec Luca
Étude introductive   13
par Alice Toma et Baudouin Decharneux

1. Des prémisses théoriques   17

2. Ion Luca Caragiale et Eugène Ionesco –
sources et interférences   43

3. Valences sémantiques de la technique de jeu   67

4. Perspectives innovatrices d'acteur et
de metteur en scène   89

Conclusions   127

Bibliografie / Bibliographie   129

Annexe   133

Argument   141

Table des matières   145

Prefață
Ioana Raluca Zaharia, în joc de oglinzi

par Florin Faifer

Mi-o amintesc din anii, nu prea mulți la număr, de pe când eram profesor la facultatea ieșeană de teatru – Raluca... Ba chiar – pentru rigoarea rememorării – o știam de mai înainte. Era, când am pășit în casa primitoare a familiei Zaharia, o copiliță. Doi ochi sclipitori, o voce de făptură care știe ce vrea, o energie care parcă aștepta momentul să izbucnească.

Dar, dacă știai să te porți, adică dacă nu jucai la intimidare și aveai tactul să asculți, descopereai într-o ciudată conviețuire o puștoaică retractilă care își ocrotea secretele cu mare grijă.

Secrete? Ce secrete, la vârsta aceea? Păi, de pildă, dacă vreți să știți, Raluca ținea – exercițiu intelectual ce avea să-i folosească – un jurnal. Acel jurnal, și n-o spun chiar în glumă, aș vrea să-l parcurg...

Anii trecură, semestru de semestru, și pe fiica zvăpăiată a lui Doru și a Marianei Zaharia n-am mai întâlnit-o decât rar. Așa a fost să fie... La doctoratul la care s-a înscris i-am fost îndrumător. Și-așa am mai purtat, din când în când, un dialog.

Nu cunoșteam planurile care-i încolțiseră în minte, dar nici nu credeam că se va despărți de teatru. Avea talent și, în plus, voința de a se impune. N-o fi regretat că s-a abătut de la o carieră ce părea să-i fie menită? O așteptau câteva partituri care i s-ar fi potrivit. Între altele, vorba unei surate ... doamnele domnului Caragiale.

Un argument este și studiul pe care îl am în față – *Personajul feminin în comediile lui Caragiale*, cu supratitlul *O ea fără pereche*. Văzând-o jucând, în înregistrări din studenție, nu pot să nu am păreri de rău că nu s-a dedicat actoriei. Poate că opțiunea ei oarecum surprinzătoare a depins de factori care-mi scapă. Nu știu cum vede ea alegerea de mai demult. Dar timpul pe care nu l-a jertfit artei teatrale nu a fost un timp pierdut. Dovadă, exegeza pe care o comentăm și care – nu e un secret – este teza ei de doctorat. Un studiu lucid, vizând esențe, în care analista inspectează prin prisma grotescului mecanismele comunicării în comediile caragialiene, cu o preocupare aparte pentru «resorturile relațiilor de cuplu", cu jocul lor de nuanțe psihologice și de fertile ambiguități. Urmărește să detecteze motivațiile ce dau complexitate caracterelor feminine pe care Raluca a avut șansa să le întruchipeze.

Ochi sigur, penetrant, simț disociativ, eseista, coerentă în demonstrație, trădează o înclinație către portretistică, desfășurând în evantai multiplele «posibilități de întruchipare scenică" a unor «cvasipersoane" care – aici, condeiul scapătă în prețiozitate – «interacționează în circumstanțe comunicaționale".

Oare cum ar fi citit nenea Iancu propozițiunea asta?

Intuitivă și cu o euforie îndeobște bine controlată a explorării nivelurilor scriiturii, Ioana Raluca Zaharia nu se îndură să părăsească zona «premiselor teoretice", cu accent pe latura comparatistă. Caragiale e propulsat în lumea bună a oamenilor de teatru, confruntarea cea mai eficientă și plină de reflexe fiind aceea cu Eugène Ionesco, autorul unor formulări memorabile despre predecesorul dâmbovițean.

Dar și actrița scrutătoare e aptă de frazări de substanță. Iată: «Vorbitul nu este pentru personajul caragialian nici mijloc, nici scop: este o formă de viață. A vorbi înseamnă în această lume a exista, iar vorbitul ține loc de orice. Este o activitate acaparatoare, cu funcții complexe. Devenind brusc tăcută, probabil că lumea lui Caragiale și-ar pierde suflarea, și dacă ar reînvia ar face-o cu siguranță după aceleași principii: vorbe în vânt, bârfe, învârtirea în același cerc. Această lume agitată se manifestă fără țel, doar pentru a-și consuma energia și a avea senzația că își trăiește propria libertate. Faptul că nu există spațiu pentru viața intimă nu deranjează prea tare personajele caragialiene". Pasaj expresiv, cum sunt destule, mai că făcând să nu se observe câte o alunecare în șablon: «procese complexe care cer artistului talent, perseverență, curaj".

Vocația dublă în care se încrede balansează între scena care trezește nostalgii și sala unei biblioteci sau a alteia – în care și această carte își va găsi, e de nădăjduit, locșorul. Este o contribuție, a cărei țintă – fapt determinant la Caragiale – e rostirea: «nuanțele și originalitatea rostirii replicilor". Dar nu o originalitate forțată, care să brusheze măsura, ca în atâtea montări chinuite, deșucheate, pervertite.

Argumentația respiră echilibru și bun-simț, evitând excesele supărătoare care au năpădit, prin dictatură regizorală, montările de care avem parte. Soluții trăsnite, violență și trivialitate, ciudățenii glisând în absurd, rar câte o fantă de omenesc. La celălalt pol, o agitație ca și marionetistică. Profilul lui Caragiale, cu atâtea schimbări de contur, derutează până la a deveni de nerecunoscut.

Demersul exegetei cată, dimpotrivă, către o lume credibilă, proiectată, cum spuneam, între grotesc și un patos de suburbie. Oprindu-se mai ales la personajele feminine, Ioana Raluca Zaharia le pune în față fiecăreia o oglindă, cât mai... fidea. Vorba știți dumneavoastră a cui!

À travers les siècles, Raluca bras-à-bras avec Luca
Étude introductive

par Alice Toma[1] et Baudouin Decharneux[2]

Le livre *Avec ou sans masque. Le personnage féminin dans les comédies de Ion Luca Caragiale* signé par Ioana Raluca Zaharia est – si nous empruntons, pour caractériser les résultats de la recherche scientifique, *mutatis mutandis*, les termes de l'art du spectacle que le livre même emploie pour définir le succès d'une représentation théâtrale – « l'instant de grâce du spectacle bien reçu par le public ».

« L'instant de grâce » que le livre nous propose concerne le chemin que le personnage féminin caragialesque parcourt du texte dramaturgique à la mise en scène théâtrale, autrement dit, « les créations dramatiques dans leur hypostase de spectacle ». « Pour l'évolution et la spécialisation d'un jeune comédien, on a considéré important de se concentrer sur l'analyse des créations dramatiques dans leur hypostase de spectacle des premières représentations aux approches contemporaines. »

Le livre reprend une partie remarquable de la thèse de doctorat que Mme Ioana Raluca Zaharia a brillamment défendue à l'Université nationale des Arts George Enescu, de Iași. Par une démarche

---

[1] Vice-présidente du Département de Langues et Lettres, Faculté de Lettres, Traduction et Communication, Université libre de Bruxelles – ULB

[2] Membre de l'Académie royale de Belgique, professeur à la Faculté de Philosophie et Sciences sociales de l'Université libre de Bruxelles – ULB

analytique subtile, le livre remplit « avec mesure et équilibre la distance, parfois insurmontable, qui se trouve entre l'intention de l'auteur – telle qu'elle résulte du texte dramatique – et le jeu des acteurs proprement dit, c'est-à-dire l'incarnation des personnages de "papier" ».

Avec des arguments convaincants, Ioana Raluca Zaharia démontre que le parcours du personnage de « papier » du texte du dramaturge au personnage du spectacle « en chair et en os » sur la scène suit au moins quatre étapes qui correspondent aux quatre chapitres du livre : les prémisses théoriques de l'art dramatique ; les sources et les interférences dedans et au-delà de l'œuvre caragialesque ; la technique d'interprétation des acteurs et ses valences sémantiques ; et les visions novatrices des acteurs et des metteurs en scène.

Les concepts de « rôle », d'« actant », d'« effet-personnage » sont minutieusement définis tout en prenant en considération un paradoxe central de l'œuvre de Ion Luca Caragiale : *la communication par l'incommunicabilité*. I. L. Caragiale a une capacité unique de comprendre et mettre en scène l'essence de l'âme roumaine, une sorte de psychologie réduite aux traces presque caricaturales de ses héros où le sublime est atteint par la concision et la synthèse.

Le livre ne se contente pas d'une perspective ponctuelle sur le théâtre de I. L. Caragiale. Les perspectives mises à l'œuvre sont diachroniques et contrastives. Le reflet kaléidoscopique de l'œuvre caragialesque apparaît aussi bien par sa relecture successive pendant plus d'un siècle que par la mise en abîme de cette œuvre de la fin de XIXe siècle et du début du XXe siècle avec l'œuvre d'Eugène Ionesco qui traverse le XXe siècle. Le livre démontre que le personnage de I. L. Caragiale est un précurseur du personnage d'Eugène Ionesco. Ioana Raluca Zaharia propose une nouvelle interprétation de l'absurde du théâtre de Ion Luca Caragiale, en partant de la remarque de Liviu Papadima (*Caragiale, fireşte* [*Caragiale, évidemment*, notre traduction], 1999) : « On peut parler d'absurde dans un sens strictement formel, concernant la logique d'un énoncé, d'une image, d'une situation. En revanche, l'absurde ne se limite pas à la construction ou à la détection d'une illogicité. Il présuppose, en même temps, une attitude valorisante, une axiologie souvent impliquée. » Raluca Zaharia va dans le prolongement de cette remarque pour prôner qu'en fait « on a affaire aux manifestations d'une "crise" ou d'une "révolte", qui justifieraient la perception de l'absurde comme donné fondamental de la création de Caragiale ».

La rencontre avec les quatre personnages féminins – Veta, Mița, Zoe et Zița – est captivante : une fois par leur présence dans le texte même du dramaturge et, une autre fois, par leur incarnation par Ioana Raluca Zaharia, en sa double qualité de chercheuse et actrice, dont le bref portrait signé par Gabriela Haja est significatif : « une comédienne à l'esprit vif, ayant une présence scénique remarquable, un esprit ludique et de l'humour bien dosés, dissimulés parfois dans le jeu construit minutieusement ».

Dans une affirmation confessionnelle profonde, Ioana Raluca Zaharia nous dévoile sa vision personnelle sur la sémantique de la technique du jeu d'acteur, où la relaxation constitue la suggestion du début : « J'ai eu le même problème pendant les répétitions et surtout avant les spectacles, quand, des coulisses, il était crié à chacun de nous : "Fais éclater la scène !", ce qui, dans le langage courant, se traduit par un jeu énergique, en verve et soutenu. Alors, tout le monde se préparait à entrer dans la peau du personnage et surtout à toucher le frémissement intérieur et l'expressivité extérieure du personnage sans tensions inutiles, dans l'espoir qu'il serait capable de construire des personnages viables. »

Faisant encore une fois la preuve d'une capacité extraordinaire de documentation, de synthèse et d'interprétation, la chercheuse clôture son livre par une herméneutique de la représentation du théâtre de I. L. Caragiale regroupé en trois étapes : 1919-1944, 1995-1990 et après 1990.

Tout en traversant plus d'un siècle d'école théâtrale, l'auteure montre la viabilité de la tradition, d'une part, et, d'autre part, l'importance de la nouveauté que la modernité emprunte pour revisiter l'œuvre caragialesque, une modernité qui marque parfois une véritable « touche » magistrale – tel est le cas, par exemple, de notre actrice-chercheuse.

Dans *Avec ou sans masque*, on retrouve en fait plusieurs « elles », un pluriel du pronom personnel roumain *ele* qui nous rappelle ici par une association immédiate – bienvenue et saluée dans le contexte des personnages féminins – comment un pronom donne naissance par lecture anthropologico-ethnologique et par une réécriture phonétique au substantif nom propre *Iele* – un personnage collectif fabuleux de la mythologie roumaine.

Une partie de ces « elles » est effectivement la perpétuation des personnages féminins de I. L. Caragiale : Veta, Mița, Zoe et Zița. Une autre partie est en fait Ioana Raluca Zaharia elle-même : actrice,

15

auteure, chercheuse, professeure, une artiste de l'humanité pour les humains.

Si, en art, la danse est l'image de la musique et le théâtre est l'image du mot, peut-être que la meilleure façon de comprendre ce livre serait de voir Raluca bras-à-bras avec Luca, traversant un siècle d'histoire et saluant les différentes Veta, Mița, Zoe et Zița croisées au long de leur chemin – des personnages réels qui rentrent dans cette typologie et/ou des actrices qui les incarnent pour mettre encore une fois en scène une œuvre qui « ridică sala ».

Bruxelles, 9 juin 2023

1.
Des prémisses théoriques

L'analyse du personnage dramatique du point de vue de l'acte de communication et des interactions exige quelques observations préliminaires visant à mettre en évidence ma propre vision au moment d'aborder le sujet. La définition des termes *personnage, communication* et *interaction* s'impose avant tout.

En ce qui concerne le premier terme, les théoriciens ont présenté plusieurs points de vue, à partir de la perspective classique, dont l'origine se trouve dans les poétiques antiques, qui considéraient le personnage (du lat. *persona*, « masque », « personnage ») en tant qu'élément fondamental dans la composition d'une œuvre épique ou dramatique, jusqu'à l'horizon des années 1960-1970, selon laquelle le personnage est, du point de vue psychologique, une « illusion », ce qui a déclenché une véritable inflation terminologique tendant à remplacer ce mot considéré comme « dépassé ». Pendant cette époque apparaissent quelques nouveaux termes pour la dénomination de la notion, tels que : rôle, actant, « effet-personnage »[3]. Jean-Marie Schaeffer, l'auteur de l'article « Personnage » dans le *Nouveau dictionnaire encyclopédique des sciences du langage*, adopte une position conciliante, en réconciliant les extrêmes. Sa conclusion est que la notion de *personnage* est très importante pour l'analyse d'un œuvre : « En fait, on voit mal comment une analyse des textes narratifs et dramatiques pourrait se passer de la prise en compte d'une catégorie qui, conjointe à celle de l'action, forme le

---

[3] O. Ducrot et J.-M. Schaeffer, *Nouveau dictionnaire encyclopédique des sciences du langage*, Paris, Seuil, 1999, p. 753.

centre d'intérêt esthétique principal de la littérature de fiction[4]. » En d'autres termes, dans la réception d'un œuvre littéraire, ce qui suscite l'intérêt du lecteur est « le destin » des personnages.

Aristote définit l'épique et le dramatique en tant que genres dans lesquels sont présentés les *personnages en action*. Ce qui distingue les deux genres, c'est la façon dont on a accès à ces personnages. Si dans le genre épique l'accès est médié par un *narrateur*, dans le genre dramatique les personnages se révèlent directement, à l'entrelacement du *dialogue* et de l'*action scénique*.

En analysant le personnage dramatique du point de vue de l'art de l'acteur, qui constitue la base du traitement scénique d'un rôle, on essaiera de découvrir le moyen par lequel le personnage de Caragiale construit en tant que quasi-personne, interagit avec les autres personnages. On restera dans les limites du texte proprement dit, en analysant le monde de Caragiale, tel qu'il est présenté par son créateur.

Il existe plusieurs typologies du personnage, considéré selon divers critères[5]. Selon les *critères formels*, les personnages peuvent être :
- *statiques* (les personnages qui restent inchangés tout au long d'une œuvre ; un cas particulier de personnage statique est *le type*, qui non seulement ne change pas ses attributs, mais dont les attributs sont très peu nombreux et représentent le plus souvent la personnification d'une qualité ou d'un défaut)
- *dynamiques* (les personnages qui se transforment)
- *principaux* (les héros ou les protagonistes)
- *secondaires* (les personnages ayant une fonction épisodique)
- *plats* (les personnages sans complexité, qui ne surprennent jamais)
- *compacts* (les personnages dont le relief est mis en valeur par la coexistence de certains attributs contradictoires)
- *sujets à l'intrigue* (les personnages qui apparaissent en tant que simples instruments utiles pour l'enchaî-

---

[4] *Ibidem*.
[5] La classification ici proposée est réalisée à partir de l'article « Typologies », signé par J.-M. Schaeffer, dans *Nouveau dictionnaire encyclopédique des sciences du langage, op. cit.*, p. 759-763.

nement causal des actions ; ce sont des personnages secondaires)
- *servis par l'intrigue* (les personnages sont décrits à l'aide de l'intrigue ; les meilleurs exemples en sont les personnages de l'histoire ou du drame psychologique).

Selon les *critères substantiels*, on distingue divers personnages *exemplaires*, qui sont récurrents tout au long de l'histoire et se classifient de la manière suivante :
- les personnages de la *commedia dell'arte* : *Arlecchino, Pantalone, Colombina* ; le théâtre de boulevard crée une nouvelle typologie, née de la précédente : *le jeune premier, la naïve, la soubrette, le père noble, le cocu* ;

- les personnages du *conte de fées*, selon la théorie de V.I. Propp : *l'agresseur, le donneur, l'adjuvant de la princesse et de son père, le mandataire, le héros* et *le faux héros* ; ces sphères d'action peuvent appartenir tant à un seul personnage qu'à plusieurs simultanément ;

- les personnages rapportés aux « fonctions dramatiques » établies par Étienne Souriau : « *la force thématique orientée, le représentant du bien souhaité*, de la valeur orientante, *l'obtenteur virtuel* de ce bien (celui pour lequel travaille la force thématique orientée), *l'opposant, l'arbitre*, attributeur du bien, *la rescousse*, redoublement d'une des forces précédentes »[6].

Chacune des notions proposées dans la deuxième partie de la classification ne couvre pas la notion propre de *personnage*, qu'elles tendent à remplacer : « Aussi les tentations des critiques de cette époque pour réduire le personnage à des catégories moins marquées psychologiquement, tels les actants, les rôles, etc., ou encore pour remplacer la notion par celle d'"effet-personnage", n'avaient-elles pas toujours des fondements purement méthodologiques, mais participaient aussi de cette attitude antipsychologique. Pourtant le personnage construit comme quasi-personne (ce qui ne signifie pas nécessairement comme moi psychologique au sens moderne du terme) a été de tout temps une des catégories les plus couramment

---

[6] É. Souriau, *Les deux cent mille situations dramatiques*, Paris, Flammarion, 1950, cité dans O. Ducrot et J.-M. Schaeffer, *Nouveau dictionnaire encyclopédique des sciences du langage*, op. cit., p. 762.

manipulées par les lecteurs de récits tout aussi bien que par les spectateurs de théâtre[7]. »

Mon analyse porte surtout sur les personnages féminins, qui représentent le sujet de mon travail. Pour mettre en évidence les traits caractéristiques de l'un ou l'autre personnage, je ferai appel à diverses représentations scéniques ou cinématographiques connues, telles qu'elles ont été enregistrées dans les chroniques de l'époque ou d'autres références au théâtre contemporain. Cette démarche m'aidera à nuancer les choses, le cas échéant.

En ce qui concerne la *communication*, elle doit être comprise, d'une part, du point de vue des théories linguistiques et, d'autre part, en utilisant les données du psychologisme esthétique, à condition que dans l'intention de chaque texte dramatique il y ait l'intention d'*émouvoir* le récepteur. Même après Brecht, qui veut forcer le spectateur à réfléchir, interpréter et comprendre différemment le monde, l'*empathie* est restée l'un des buts déterminants du théâtre, car la performance scénique est directement déterminée par le fluide affectif créé entre la scène et la salle. Or, pour atteindre cet objectif artistique, plusieurs éléments sont nécessaires, parmi lesquels l'élément verbal domine, comme l'a souligné Aristote dans la *Poétique*[8]. Cet élément sera toutefois complété par la communication non verbale (mime, pantomime, geste, mouvement, danse, costumes, décor, musique, lumière, etc.) :

> « Lorsque l'imitation, qui est la tragédie, est faite par des personnes en action, un premier élément en sera nécessairement l'élément scénique ; puis suivent le chant et la parole, à travers lesquels l'imitation se réalise. Par "la parole" on envisage la composition verbale de vers ; par "le chant" – quelque chose dont l'enracinement est entièrement externe. En même temps, l'imitation qu'on y envisage étant l'imitation d'une action faite par quelques héros, mais ceux-ci différant à nos yeux selon le caractère et le jugement de chacun (éléments selon lesquels, généralement, les faits individuels sont jugés), cela signifie que les raisons des actions sont deux – le caractère et le jugement, et que, à leur tour, les actions décident du bonheur ou du mal-

---

[7]   O. Ducrot et J.-M. Schaeffer, *Nouveau dictionnaire encyclopédique des sciences du langage, op. cit.*, p. 753.

[8]   « Lorsqu'Aristote dit que la structure verbale est plus importante que l'ensemble des facteurs scéniques, parce que la première peut se passer des seconds, ce jugement n'est donc peut-être pas uniquement l'expression d'un textocentrisme : c'est qu'il a en vue la structure mimétique et que celle-ci est accessible à travers le texte et à travers la mise en scène » (*ibidem*, p. 742).

heur des gens. [...] Nécessairement, chaque tragédie n'aura que six parties qui servent à determiner son genre : le sujet, les caractères, la langue, le jugement, l'élément spectaculaire et la musique. La plus importante d'entre celles-ci est la combinaison des faits, parce que la tragédie n'est pas l'imitation des gens, mais d'un fait ou de la vie, et le bonheur et le malheur dérivent des faits, le but de chaque vie est l'accomplissement d'un acte, et non pas celui d'une qualité[9]. »

Le philosophe grec envisage plusieurs éléments spécifiques au théâtre. Premièrement, selon la poétique aristotélicienne, issue à son tour de la philosophie platonicienne, l'art est de nature mimétique, étant donc une copie de la réalité, avec une certaine finalité. Dans le cas de l'art dramatique, cette imitation se fait par l'intermédiaire des personnages qui sont en action et en interaction. Les actions des personnages sont déterminées par le caractère et le jugement de ceux-ci. Il reste cependant que l'élément le plus important pour individualiser le théâtre par rapport aux autres genres littéraires est la « combinaison de faits », c'est-à-dire l'enchaînement des actions pour créer une tension dramatique sans laquelle aucune pièce de théâtre ne peut aspirer au succès de critique ou de maison.

Si l'élément verbal domine, comme on l'a affirmé, il domine dans la mesure où il fonctionne comme un instrument d'imitation que la littérature représente.

Toute cette construction logique, dotée d'une beauté architecturale, renvoie à la technique selon laquelle le *message* est composé, le texte proprement dit d'une pièce de théâtre, c'est-à-dire le *moyen de communication* entre le dramaturge et le spectateur. Cependant, le théâtre est également considéré par Aristote d'un point de vue strictement littéraire, car, dit-il, un bon critique de théâtre peut aussi être un bon critique épique. Pas l'inverse : « Lorsque l'on sait ce qui fait qu'une tragédie est bonne ou mauvaise, on en sait autant en ce qui concerne les poèmes épiques. Car les éléments que comporte l'épopée existent dans la tragédie ; mais ceux que renferme celle-ci ne se rencontrent pas tous dans l'épopée »[10].

Mais ce n'est pas sur ce niveau de communication dramatique que je veux mettre l'accent dans cette étude. On comprend le texte théâtral comme un texte littéraire. Dans les limites de ce type de

---

[9] Aristote, *Poetica*, studiu introductiv, traducere şi comentarii de D. M. Pippidi, ediţia a III-a îngrijită de Stela Petecel, Bucureşti, Editura Iri, 1998, 1450a 5-15, p. 72.
[10] *Ibidem*, 1449b 17-19, p. 70.

texte, on s'intéresse aux tensions qui se créent entre les personnages, tensions exprimées par la réplique et l'action dramatique (signalées soit par le texte « dit », soit par les didascalies).

On suivra la manière dont les personnages du monde littéraire de Caragiale communiquent, sans oublier que l'objet d'étude reste la dramaturgie écrite par Ion Luca Caragiale pour la scène. D'autant plus que notre auteur ne croyait pas que le théâtre était de la littérature. Il considérait l'art théâtral comme étant plus proche de l'art de l'architecture ou de la musique, parlant du texte théâtral comme d'un « scénario » pour la représentation et soulignant le caractère syncrétique du spectacle.

L'acte de communication a pour éléments fondamentaux un émetteur et un récepteur. La connexion établie entre eux est donnée par le message qui est émis avec une intention précise, basée sur l'état d'esprit, le sentiment.

On peut dire que, dans le monde de Caragiale, il n'y a pas de communication. Cette affirmation n'est pas choquante, si l'on prend en compte les exégèses critiques signées par Eugène Ionesco, dans lesquelles le grand dramaturge est analysé comme un précurseur du théâtre de l'absurde.

En effet, les personnages de Caragiale parlent, mais ne communiquent pas. Le but de leurs répliques est de mettre en mouvement le mécanisme de la pièce. Ce qu'Aristote a compris en combinant des faits. Or, c'est ici que Caragiale excelle, dans la façon précisément dont il conduit l'action dramatique. Rien de narratif dans ses pièces. Même les remarques à fonction évocatrice, qui se réfèrent à des actes hors scène, ont une signification dramatique bien établie dans l'économie de la pièce. En fait, tout se passe sur scène, devant les spectateurs.

Un autre élément qu'il importe d'envisager est l'*interaction*, qui renvoie au fait qu'au théâtre, comme dans la littérature épique d'ailleurs, les personnages n'existent pas isolément. Ils sont toujours placés dans une certaine circonstance. La circonstance la plus fréquente est, au théâtre, celle de la communication : les personnages sont dans un état continu de discours.

Ils communiquent soit dans le dialogue, soit dans la convention théâtrale, à travers des artifices dramatiques représentés par le monologue et la tirade. Les personnages se trouvent également dans d'autres types de circonstances exprimées au travers de diverses relations : la relation victime – bourreau, trompeur – trompé, agent

– patient, etc. De ces relations naît l'intrigue qui, à son tour, met en mouvement le mécanisme des actions, des faits.

Dans le théâtre de Ion Luca Caragiale, ces relations ne sont pas présentes à l'état pur ou rigide. Ses comédies montrent, le plus souvent, un changement permanent de situation, de sorte que les relations peuvent être facilement renversées (le « bourreau » Catzavenco devient « victime » ; la traîtresse Mitza est trahie ; la vulnérable Zoé prend le rôle de bourreau envers Catzavenco ; le « galibardiste » Léonida perd tout courage au bruit des coups de feu, etc.), dans le jeu entre l'apparence et l'essence que l'auteur entretient avec beaucoup de virtuosité.

Bavardages chez Caragiale.
À propos de la communication dans les comédies de Ion Luca Caragiale

Le personnage de Caragiale considère la communication comme l'essence de la raison d'être. Pour lui, parler de tout et de tout ce qui se passe, dans n'importe quel contexte, représente une source d'énergie. Il s'identifie tellement à cette action qu'il semble vivre pour parler à quelqu'un, c'est-à-dire communiquer. Son niveau de vie est lié à la qualité de l'acte qu'il pose. « Dans ce monde, rien ne vaut autant qu'une conversation, même si toute conversation ne vaut pas un sou[11]. » La qualité de la communication est également donnée par le degré d'implication de l'interlocuteur, à la seule différence que, quels que soient les efforts déployés à cet égard, le résultat est le même : la communication entre les personnages de Caragiale est, selon une phrase consacrée, « un grand bavardage ».

Le besoin d'interaction est organique. Les héros « se cherchent » sur la scène pour dire « au moins un mot » ; c'est une bouffée d'oxygène dont ils ont besoin pour s'animer. Le silence est la mort. « Évidemment, l'appétit pour la conversation n'est pas la même chose que l'acte de parler. Obligé de se réaliser au niveau du texte, cet "appétit" est un perpétuel désir compromis par la pauvreté concrète de la communication. La volonté de parler du personnage de Caragiale traverse un vide sémantique, se trouvant toujours dans une crise embarrassante de sujets. Le salut est recherché dans

---

[11] M. Iorgulescu, *Marea trăncăneală*, Bucureşti, Fundaţiei Culturale Române, 1994, p. 14.

le monde extérieur, le monde des interlocuteurs[12]. » Les lieux de rencontre sont la banlieue, le jardin, la brasserie, des lieux habituels fréquentés par les héros – si ce n'était ceux-là, ils en créeraient certainement d'autres.

Leur appétit pour la conversation et le grand bavardage leur donne l'impression d'une manifestation complète. En effet, le personnage de Caragiale a un tempérament incontrôlable, imprévisible, qui a besoin d'espace pour évoluer, et le bavardage lui donne l'illusion de la liberté. Le terme même de *conversation*, bien que fréquent, est en quelque sorte inapproprié, car « dans le monde de Caragiale, le dialogue est toujours préféré au monologue, l'interlocuteur étant généralement réduit à la condition passive et subordonnée d'auditeur, s'il est possible admiratif sans réserve. Le partenaire de conversation idéal est celui qui approuve sérieusement et respectueusement tout ce que dit l'orateur ("Raison !") ou est étonné par l'éclat et la profondeur de ses mots »[13]. (« Efimitza, défaisant le lit. Tu as une façon de raconter, c'est à rester bouche bée des journées entières. Y'en a pas deux qui arrivent à ta cheville, ma crotte[14]. »)

En fait, les personnages de Caragiale ne communiquent qu'en apparence. Des mots comme « raison », « propre » ne font que garder la conversation à un niveau superficiel. On peut parler dans ce cas d'incommunicabilité. Il n'y a pas de place pour la vie intime dans le monde de Caragiale[15].

Chaque personnage est un monde en soi, un monde minuscule, sans profondeur, dominé par des impulsions dépourvues de causalité explicite. Les héros comiques interagissent instinctivement, car rien de ce qu'ils trouvent en eux ne leur procure du confort. L'ennui et la solitude sont embellis par le babillage, la hâblerie, le bavardage. Le langage simple qu'ils utilisent conduit à la perversion de la communication. Ne parler de rien devient le grand art de Caragiale. Le personnage de Caragiale n'écoute pas son partenaire ; car écouter supposerait un geste de bienveillance, de générosité, dont ces êtres ne sont pas capables.

L'incompatibilité augmente de manière directement proportionnelle au nombre de personnages engagés dans l'acte de communication. La noce, le carnaval représentent des occasions pour

---

[12] V. Fanache, *Caragiale*, Cluj-Napoca, Dacia, 2002, p. 98.
[13] M. Iorgulescu, *op. cit.*, p. 17.
[14] I. L. Caragiale, *Théâtre*, Paris, L'Arche, 1994, p. 68.
[15] M. Iorgulescu, *op. cit.*, p. 16.

l'individu de se découvrir dans ses relations avec les autres. Le héros de Caragiale remuera, vociférera, poussera des cris désarticulés, fera beaucoup de bruit pour se mettre en évidence et en même temps rester anonyme. C'est de cette manière qu'il entend ne rien communiquer.

Le passage du personnage de Caragiale à travers la scène ne l'enrichit pas d'une nouvelle expérience qu'il peut profondément acquérir. Au contraire, il s'essaie à une excitation nerveuse qui lui est quasi suffisante. Au niveau mental, celle-ci est perçue comme l'événement auquel il revient chaque fois qu'il ressent le vide de l'âme, à l'aide duquel il s'anime : « Mufle ! Chiffonnier ! Police ! M'sieu l'agent ! Tonton Dumitraké !... Heureusement, ma bonne, tonton Dumitraké et m'sieu Naé, le sous-commissaire se sont précipités à temps sur les lieux, autrement le chiffonnier avait déjà sorti la lame de sa canne à épée pour me suicider[16]... »

Dans la vie de ces personnages, les événements exceptionnels dans des situations exceptionnelles ne se produisent pas du tout. La théâtralité et l'emphase viennent compenser ce fait. « Ce sont des êtres sans destin, plus précisément sans destination, sans but, car dépourvus de conscience et de sens, parfaitement innocents à l'intérieur, quoi qu'ils fassent. Quoi qu'il arrive, ils n'ont pas de mémoire, ils n'ont pas de passé, ils vivent exclusivement dans cet instant à partir d'un "moment" à un "autre moment", d'un mot à un autre, d'un discours à un autre, sans chaîne ; et, en fait, ils n'ont aucune intériorité, ils sont pleins de vide[17]. »

Les personnages de Caragiale préfèrent parler au lieu d'agir, toujours sous l'empire du moment. Ils n'ont aucune logique pour parler ou agir. Pour survivre, ils verbalisent sur le plan de la fiction. Le fait de le dire tout seuls leur donne l'illusion d'un équilibre spirituel qu'ils ne sont pas capables d'acquérir dans la réalité. On pourrait extrapoler et dire que ces héros vivent dans deux réalités, mais ce serait déjà trop, car je les placerais dans un plan supérieur, celui d'un drame psychologique. Tout ce que ces personnages font est d'esquisser sur un autre plan des états d'esprit, avec la prétention de vivre pleinement tout ce qui leur arrive.

La personnalité des héros de Caragiale repose sur une psychologie simplifiée. La mentalité de ce monde ne développe pas d'ac-

---

[16] I. L. Caragiale, *op. cit.*, p. 49.
[17] A. Paleologu, *De la Caragiale la Eugen Ionescu și invers*, dans *Spiritul și litera*, București, Eminescu, 1970, p. 112.

tions durables. Tout se passe ici et maintenant, sous les auspices du hasard. Parce que l'individu n'est pas capable d'une vie complexe, la valeur en soi n'est pas prise en compte. Son devenir se produit en raison des relations dans les coulisses, et quand cela se produit, « l'élu » ne peut esquisser que quelques gestes et utiliser un langage stéréotypé : « ayez un peu de patience », « avec qui vais-je voter ? », « raison », « moi, avec ma famille de quarante-huit ».

On ne peut ignorer le fait que la structure psychologique des héros de Caragiale se réduit au jeu mécanique d'une seule formule répétée avec une insistance imposée comme symbole[18]. Ses héros se ressemblent. Ils ont les mêmes préoccupations, la même mentalité et, surtout, la « conscience de la personne d'être sans valeur »[19].

L'identité des héros de Caragiale ne doit pas être ébranlée car cela ne sert à rien. Ils se complaisent dans des situations, ils persévèrent et ont finalement l'espoir de la victoire. Ils ont des moments où ils éclatent, ils ont des accès de colère, mais ils ne se révoltent jamais. La « révolution » que Mitza Baston revendique a un but stabilisateur, celui de revenir à un système déjà existant. Se révolter contre les autres signifie se connaître et assumer ce que l'on est. Or les moments où ces personnages sont responsables de leurs gestes sont motivés par « l'ambition ». L'ambition est sans aucun doute, chez eux, un synonyme rudimentaire de la dignité, une dignité arriérée, qui ne peut s'exprimer que par des coups et des vociférations[20]. Pampon a l'ambition de briser les os du pharmacien ; Mitza, celle de se venger ; Crăcănel souhaite trouver une femme qui « ne le trahira pas » ; Zitza aspire à se remarier ; Trahanaké veut prouver que Naé Catzavenco est plastographe ; Léonida aspire à exceller dans les commentaires politiques ; Véta cherche à asservir Kiriak.

Si les personnages n'achèvent pas l'acte, ils sont heureux de l'avoir réalisé au moins verbalement. Cette satisfaction maintient leur tonus et surtout leur bonne opinion d'eux-mêmes. Dans le cas de ces héros, la caractérisation directe sera toujours en contraste avec la caractérisation indirecte, et l'image de soi en émergera hyperbolisée.

Le personnage de Caragiale se perd parmi les autres personnages. À la fin des comédies, il fraternise avec tout le monde. La

---

[18] E. Lovinescu, *Caragiale, comediile sale*, dans *I. L. Caragiale*, studiu introductiv, antologie, tabel cronologic și bibliografie de Liviu Călin, București, Eminescu, 1974, p. 89.

[19] M. Iorgulescu, *op. cit.*, p. 16.

[20] *Ibidem*, p. 85.

position sociale, la fonction perdent de leur importance dès lors qu'ils sont tous complices d'un même spectacle grotesque.

Les facettes du personnage féminin

Dans la construction dramatique du personnage de Véta dans la pièce *O noapte furtunoasă* [*Une nuit orageuse*], Ion Luca Caragiale semble utiliser la technique de représentation la plus traditionnelle. Le succès est évident car le résultat est la création d'un personnage complexe, comportant de nombreuses possibilités de présentation. Véta entre en relation avec tous les héros de la pièce, de sorte que le dramaturge met ainsi en valeur ses données caractéristiques de manière progressive et avec réserve.

L'évolution du personnage n'est pas prévisible, tout au contraire. Les éléments surprenants de la psychologie de Véta apparaissent chaque fois qu'elle interagit avec son partenaire de jeu. Son comportement envers son mari autorise Dumitraké à la traiter gentiment, comme un enfant naïf que l'on protège avec douceur. Si G. Ibrăileanu l'admirait pour « son sérieux, pour sa gentillesse envers Spiridon et Rica, parce qu'elle aimait... la romance »[21], on ne peut que l'apprécier pour sa bonne coexistence avec ceux qui l'entourent. Détaillons dans ce qui suit cette affirmation en tenant compte des moments clés de la pièce.

Pour continuer sa vie paisible et orienter ses actions en sa faveur, Véta sait exactement quel comportement adopter dans ses actes de communication. Dans sa relation avec Dumitraké – un *pater familias* déclaré –, elle préfère être inférieure à lui et incarner la femme pleine de sagesse, aux gestes généreux, manifestant des sentiments d'attachement profond aux traditions et aux superstitions : « Je savais bien qu'il m'arriverait malheur, j'avais eu des signes, le matin, j'avais fait tomber la veilleuse de l'icône[22]. »

Elle sait contrôler son niveau d'impulsion érotique pour obtenir de celui qu'elle vise – Kiriak – l'effet recherché : « C'est vrai. Je suis une mauvaise femme ; j'ai voulu seulement me moquer de vous. Je vous laisse garder la maison, car, n'est-ce pas, vous n'êtes qu'un domestique à gages, tandis que moi je traîne mon époux aux spectacles pour que l'on me fasse la cour. Je suis une menteuse, quoi ; il n'y avait rien de vrai quand je vous ai dit que je n'avais pas vécu

---

[21] Dans B. Ulmu, *Mic dicționar Caragiale*, Iași, Cronica, 2001, p. 370.
[22] I. L. Caragiale, *op. cit.*, p. 25.

avant de vous connaître... Tout ce que j'ai fait pour vous, c'était de la comédie ; je vous ai menti, je vous ai trompé, je n'ai fait que me moquer de vous[23]... »

Dans le dialogue avec Zitza, elle préfère la laisser prendre l'initiative. L'intuition amène Véta à reconsidérer rapidement sa position, ajoutant de nouveaux éléments à son comportement, en fonction de la situation donnée :

> « Zitza : Ça va. À Véta. Moi, je m'en vais, alors, ma bonne. Au revoir. Couche-toi aussi, ne travaille pas si tu es malade.
>
> Véta : Tant pis si je suis malade. *Rire forcé*. Il vaudrait mieux que je meure.
>
> Zitza : Dieu t'en garde ! T'en as des idées ! Quoi, t'as si mal que ça ? Qu'on envoie chercher tonton !
>
> Véta : T'es pas folle ! Je blague, tu vois bien. J'ai mal à la tête, c'est tout »[24].

La confrontation verbale entre Zitza et Véta pourrait conduire, dans une mise en scène poussée à l'extrême, à des violences physiques, comme cela s'est produit « dans une mise en scène de Craiova, dans laquelle Iosefina Stoia (Zitza) s'est battue avec sa sœur et elle illustrait par des gestes masculins quels coups de poing elle a reçus sur un terrain vague »[25].

Comme l'exprime Ştefan Cazimir dans *Caragiale. Universul comic* [*Caragiale. L'univers comique*], reprenant les considérations de G. Ibrăileanu, Véta n'est ni ridicule ni comique : « Personne ne conteste qu'elle n'est pas comique à la manière de Zitza. Penser que ce n'est en aucun cas drôle serait une erreur[26]. »

Les sources du comique dans l'interprétation du personnage doivent être recherchées dans la passion érotique cachée, comme l'a si bien suggéré l'actrice Valeria Seciu dans une production télévisée. Les informations fournies par Şerban Cioculescu, selon lequel, à l'époque, commettre un adultère avait de graves conséquences, la femme pouvant être punie par la prison, nous font comprendre l'attitude voilée de l'héroïne.

---

[23] *Ibidem*.
[24] *Ibidem*.
[25] B. Ulmu, *op. cit.*, p. 384.
[26] Ş. Cazimir, *Caragiale. Universul comic*, Bucureşti, Pentru Literatură, 1967, p. 119. Cette citation est traduite par Elena Isabelle Tamba.

1. Des prémisses théoriques

Le fait que l'adultère se déroule dans un cadre familial, le trompeur et le trompé vivant sous le même toit, ne peut conduire à la blâmer davantage, mais souligne plutôt le doublement de son comportement. La fin est éloquente, le déroulement de l'action semble se préfigurer selon les prémisses qu'elle a elle-même établies :

« KIRIAK, *anxieux* : Qu'avez-vous trouvé, patron ?

DUMITRAKÉ : Voilà, tenez ! *(Il sort de sa poche un foulard.)*

IPINGESCO : Il est beau ce foulard, il a du chic !

KIRIAC : Pensez-vous, pardon, rendez-moi ça, c'est le mien, vous ne le reconnaissez pas ?

DUMITRAKÉ *éclate* : Hé, le diable t'emporte ! Fallait le dire plus tôt, mon vieux ![27] »

Cependant, la femme trahit toujours ses vrais sentiments envers Kiriak : « Véta court et se met devant la fenêtre : Vous êtes fou ? Vous voulez que les échafaudages s'écroulent avec vous ? Kiriak, ne sais-tu pas que les échafaudages sont abandonnés depuis trois semaines ? Tu veux te tuer ! »[28], mais ceux qui l'entourent sont trop perturbés par les événements de la « nuit orageuse » pour réagir ou, probablement, ce détail est trop connu par Spiridon, par Ipingesco, voire même par Zitza.

Pour Véta, l'épanouissement érotique n'a aucune conséquence, comparativement à Zitza, qui voit dans la relation sentimentale avec Rica la possibilité d'un mariage et d'un progrès dans l'échelle sociale. Les niveaux d'attente des deux sœurs sont différents. Alors que Véta trouve dans l'adultère la récompense de ses efforts pour ressembler à une femme décente, Zitza comprend l'amour comme un moyen d'acquérir de nouvelles perspectives sur la vie.

Si l'on croyait Rica, ne fût-ce que quelque temps, l'ancienne Mme Țârcădău serait une accumulation d'effluves floraux et de sons délicats et parfumés : une jacinthe, un lys plein de candeur, une rose parfumée, une jeune tulipe, c'est-à-dire un ange radieux. Après tout, le problème du personnage est révélé par la différence entre l'essence et l'apparence de prétentions intellectuelles.

Issue de la banlieue de Bucarest, ayant déjà à son palmarès un mariage raté avec un homme qui n'a pas atteint son niveau d'édu-

---

[27] I. L. Caragiale, *op. cit.*, p. 61.
[28] *Ibidem*, p. 49.

cation, Zitza déclare : « Moi ? Vivre avec un homme qui n'est pas de mon rang ! Il n'était pas fait pour moi ; je suis une personne délicate ; heureusement que me voilà libre ![29] » Zitza a des idéaux : elle veut se débarrasser de la « liberté » le plus tôt possible, mais seulement pour la consacrer à une personne supérieure. Le jeune Rica Venturiano incarne un idéal masculin, aux antipodes de celui représenté par le coutelier Țârcădău, qui l'a probablement « libérée » du risque de rester célibataire, dans une famille autoritaire où le puritanisme a acquis le maximum de rigueur, selon la mentalité honnête de la petite bourgeoisie de banlieue. Car, même dans la banlieue, l'honorabilité doit être gardée autant que dans le milieu de l'aristocratie, qu'elle soit de la « capitale d'un comté de montagne » ou d'une autre capitale. Venturiano ne représente pour la gâtée Zitza qu'un autre moyen d'accroître l'estime de soi, de gonfler l'ego hyperbolisé se manifestant naturellement dans le soi-disant amour. Déjà expérimentée, Zitza n'est pas émue par la passion. C'est une Zoé en herbe.

L'actrice Eugenia Popovici a commenté sa propre interprétation de cette manière : « Je ne peux pas dire que le rôle de Zitza ne m'a pas posé des problèmes, tout au contraire, j'ai dû mettre en scène l'humour d'un être intellectuellement sous-développé, sans abuser de la teinte vulgaire. Le personnage devait être imposé à partir de ses traits intérieurs, non de ce qui est ostentatoire et extérieur[30]. »

Le comique du personnage dérive de son comportement simple mêlé à des prétentions de dame civilisée. La personne délicate a des accès de violence : « Mufle ! Chiffonnier ! Police ! M'sieu l'agent ! Tonton Dumitraké !... »[31]. Les moments où Zitza entre en contact avec le monde extérieur se limitent à fréquenter le jardin *Iunion* avec sa famille. La jeune femme désire l'émancipation et, par conséquent, elle a des accès de nervosité : « ZITZA, *éclatant en sanglots*. Que le diable l'emporte cette sacrée vie ! J'suis pas vernie »[32].

Ses trois années d'études en pensionnat n'ont pas corrigé son tempérament impulsif et ne l'ont pas déterminée à développer un langage adéquat, tout au contraire, les termes familiers et ses erreurs d'expression en français : « per toujours » (pour toujours), « alevoa » (au revoir), « per l'amour de Dieu » (pour l'amour de Dieu) – qui

---

[29] Ibidem.
[30] E. Popovici, *O anume muzicalitate scenică...*, Teatrul, n° 6 (VII), juin 1982, p. 70.
[31] I. L. Caragiale, *op. cit.*, p. 27.
[32] Ibidem.

semblent être tirés d'un feuilleton français plutôt que d'un manuel – ponctuent d'une manière répétitive ses propos répliques.

Dans le cas des personnages de Caragiale, la chance est de leur côté. Bien qu'elle blâme son destin, Zitza jouit des conditions d'une vie décente, étant sous la protection de son beau-frère Dumitraké, qui manifeste son esprit patriarcal avec dévouement et altruisme. Consciente de cette situation, Zitza ne joue de ses éclats que comme un moyen de persuasion dans sa tentative de convaincre sa sœur de soutenir son désir de « se cultiver » au travers des promenades mondaines d'*Iunion*.

Rien d'extraordinaire ne se passe dans la vie de la jeune Zitza, c'est pourquoi la lecture des *Drames de Paris* satisfait son besoin de sensationnalisme et déforme sa perception de la réalité banale, élevant les actes habituels de la banlieue au rang d'événement. Par conséquent, les seuls moments notables qui suscitent son intérêt sont la rencontre sur le terrain vague avec Țârcădău et les prémisses d'un mariage avantageux avec Rica Venturiano. À travers ce personnage, les habitants de la banlieue, représentants d'un climat social de condition moyenne, vivent le mirage d'un autre monde, auquel Zitza aspire et que Zoé a eu la chance d'expérimenter.

En ce qui concerne le personnage de Zoé, dans la pièce *O scrisoare pierdută* [*Une lettre perdue*], on commentera l'affirmation de Șerban Cioculescu, reprise par Bogdan Ulmu dans *Mic dicționar Caragiale* [*Le petit dictionnaire de Caragiale*], selon laquelle « le drame de Zoé n'est pas un drame passionnel, mais de la considération sociale ». À première vue, on pourrait être d'accord avec cette affirmation. L'histoire d'amour entre Zoé et Tipatesco est l'occasion d'une épreuve de force entre ambition politique et ambition sociale. Dans le cas de Tipatesco, l'amour a fonctionné comme un frein à l'ascension sociale : « Tipatesco : [...] moi qui ai sacrifié ma carrière, et qui suis demeuré parmi vous pour organiser votre parti »[33]. Zoé n'a aucune raison de vouloir l'avancement de Tipatesco, car elle ne se soucie que de maintenir son poste actuel – « Zoé : Comment Fanica gardera-t-il encore son poste de préfet ? »[34] – et de soutenir son innocence : « Zoé : Tue-moi... tue celle qui t'a aimé, qui a tout sacrifié pour toi ! »[35]. La vérité est que Zoé n'a sacrifié qu'une fidélité conjugale embarrassante, le seul sacrifice notable venant de Tipatesco. La

---

[33] *Ibidem*, p. 97.
[34] *Ibidem*, p. 111.
[35] *Ibidem*, p. 115.

perte de la lettre et les actions qui résultent de cet incident malheureux soulèvent de grandes questions pour Zoé en ce qui concerne sa position sociale. Apparemment, les deux amants se trouveraient dans des situations identiques : au moment de la publication de la lettre, tous deux sont prêts à être reconnus comme adultères. En conséquence, Tipatesco perdrait la préfecture, « tandis que la femme serait définitivement stigmatisée, après le scandale de la publicité et du divorce en faveur du mari outragé. Dans cette sombre perspective des mœurs de l'époque, impitoyables pour la femme coupable, le désespoir de Zoé était naturel, surtout vu le refus de Tipatesco de céder au chantage »[36].

L'idée salvatrice et romantique de Tipatesco de s'enfuir avec Zoé amène celle-ci à évaluer brièvement sa situation de crise et à se rendre compte que suivre cette proposition signifierait aggraver sa situation embarrassante. La capacité innée de ce personnage de Caragiale est pleinement manifestée : respectant la catégorie dans laquelle son mari la place, celle des épouses sensibles, Zoé ne nie pas et utilise tout l'arsenal des manifestations féminines pour contrôler les décisions du préfet et obtenir l'effet attendu : « Zoé : Laisse-moi. Si ton ambition, si tes combines politiques valent pour toi plus que mon honneur, plus que ma vie, laisse-moi ! Je mourrai ! *Pleurant.* Je mourrai avec la certitude qu'au cours de ces huit années d'amour, chaque instant a été un mensonge, chaque moment une illusion ; que tu ne m'as jamais aimée, jamais, jamais ! »[37].

La lucidité ne lui permet pas de tomber dans le sentimentalisme. Quant à Tipatesco, contrairement à sa position sociale, il est prédisposé à une telle attitude :

« Tipatesco : S'il n'y a pas d'autre solution... Zoé ! Zoé ! M'aimes-tu ?

Zoé : Je t'aime, mais sauve-moi !

Tipatesco : Fuyons ensemble !

Zoé, *se retirant.* Tu es fou ! »[38].

---

[36] Cf. Ş. Cioculescu, *La centenarul „Scrisorii pierdute"*, dans *Caragialiana*, ediție îngrijită de Barbu Cioculescu, București, Albatros, 2003, p. 211-213. Cette citation est traduite par Elena Isabelle Tamba.

[37] I. L. Caragiale, *op. cit.*, p. 115.

[38] *Ibidem*, p. 114.

1. Des prémisses théoriques

À travers de telles manifestations, Zoé et Tipatesco maintiennent l'unité de l'atmosphère de la comédie. En même temps, par ce qui les distingue des autres personnages, la vision d'ensemble de la pièce s'élargit et gagne en objectivité[39].

Les didascalies de Caragiale renforcent les lamentations de Zoé, soulignant plus encore le masque que désormais le personnage incarne : « *elle prend sa tête dans ses mains et elle pleure* », « *elle se noie dans les larmes* », « *en affichant une agitation concentrée* », en affirmant, désespérée, qu'elle peut lutter « *contre n'importe qui* », étant même, dans le monde de Caragiale, la seule capable de dire une chose pareille : « *contre le gouvernement* ». Zoé joue le rôle de la victime avec une grande habileté et beaucoup de ténacité. Les forces du personnage se révèlent avec une rapidité inattendue et renvoient à l'image d'une marionnette qui adopte des attitudes et des gestes avec une souplesse débordante. Le seul personnage féminin de l'opéra devient le centre d'intérêt des autres acteurs de la pièce, l'idole des hommes (Trahanaké, Tipatesco, Catzavenco, voire Pristanda), mais le dernier dans une relation de subordination instinctive et auto-conservatrice devant celle qui dominait les deux premiers hommes du comté : « Zoé est dans la phase plastique de l'icône »[40].

La maîtrise de l'art du dramaturge se manifeste dans sa capacité à faire passer l'héroïne de la position de victime à celle de vainqueur : « Oui, je le choisis. Je suis pour Catzavenco. Enfin, celui qui se bat avec Catzavenco se bat avec moi. » Zoé, la femme masculinisée, est aussi crédible que Zoé, la sensible. Le personnage est auréolé de tous les attributs des grands personnages de la dramaturgie roumaine.

Plus que d'une vision politique, Zoé a besoin d'action, de lutte. On ne peut douter du fait que tous les « citoyens » de la pièce connaissent l'adultère qu'elle commet, mais on peut se poser une question sur « l'aveuglement » matrimonial de Trahanaké, celui qui « sait tout, mais ne voit rien ». Dans les plans méticuleux entrepris par Trahanaké, cachés dans l'expression « un peu de patience », Zoé a une place bien définie. Elvira Godeanu a joué le personnage de Zoé et a formulé sa perception et son appréciation du personnage : « Un personnage énergique, lucide, une volonté et une force intégrées dans le monde politique de l'époque, qui sait distinguer et défendre les intérêts qui lient Trahanaké à Tipatesco et qui, habitué à manœuvrer à la dérobée, sait utiliser tous les moyens caractéris-

---

[39] Cf. Ş. Cazimir, *op. cit.*, p. 136.
[40] G. Călinescu, *Domina bona*, dans *Pagini de estetică*, antologie, prefaţă, note şi bibliografie de Doina Rodina Hanu, Bucureşti, Albatros, 1990, pp. 137-184.

tiques à l'époque[41]. » Cependant, l'intelligence et la prudence du président placent Zoé parmi les personnages qui s'agitent, crient, libèrent de l'énergie, suivent leurs impulsions. L'action se déroule dans le vide, car elle est basée sur le grand « rien » qui entraîne et libère les énergies de tous les personnages féminins de Caragiale.

Par l'intermédiaire du personnage de Mitza, dans la pièce *D-ale carnavalului* [*Scènes de carnaval*], Ion Luca Caragiale vient compléter l'image de la féminité, comme le suggère Bogdan Ulmu : « Mitza Baston reste l'un des personnages les plus puissants de Caragiale, bouillant, vital, dynamique, avec des transitions soudaines de l'amour à la haine et de la tendresse à la violence[42]. »

Comme Zitza, Mitza déclare qu'elle vit « l'ivresse ». L'état de chaos émotionnel qu'elle ressent intensément est perçu comme un malaise mental, la raison étant l'absence de l'amant. Zitza avoue à sa sœur : « J'ai été absolument ivre, j'ai lu *Les Drames de Paris* trois fois jusqu'à présent. Que faire ? » Mitza suggère le même état : « Tu restes seule et ivre. » Lire le même genre de roman déclenche des sentiments similaires chez ces femmes, à la seule différence que Mitza ne se contente pas de vivre l'amour à un niveau idéaliste. De plus, en comparaison avec Zitza, qui reçoit de son élu des signes d'amour éternel, « À toi, pour une éternité et pour toujours »[43], Mitza est traversée par le frisson de l'amour trahi : « Mitza : Naé, Naé que j'ai aimé, que j'ai adoré follement et pour l'éternité ! »[44]. Cependant, elle espère une amélioration de sa relation avec Naé Girimea, bien que la prémisse de l'échec sentimental se préfigure. L'ennui s'est installé dans son subconscient suite au rejet de l'amant, produit des mutations dans la psychologie rudimentaire du personnage. Le trouble augmente rapidement et se transforme en hystérie.

Suspectant d'être « trahie », son comportement va au-delà de la normale et prend des formes presque grotesques : « As-tu oublié que je suis violente ? ». On s'interroge sur le motif de sa vengeance : l'amour pourrait-il donner lieu à une telle détermination ou le tempérament volcanique trouverait-il la libération dans l'acte d'infidélité ? Tout en ayant deux amants, elle trouve approprié de s'appeler « fidèle » – mais il ne s'agit pas d'un jeu de mots, car Mitza a été vic-

---

[41] E. Godeanu, *Pentru… coana Zoițica, Teatrul*, n° 6, (VII), juin 1982, pp. 67-68.
[42] B. Ulmu, *Dicționar de personaje din teatru*, Iași, Timpul, 2002, p. 236. Cette citation est traduite par Elena Isabelle Tamba.
[43] I. L. Caragiale, *op. cit.*, p. 25.
[44] I. L. Caragiale, *Œuvres*, Bucarest, Paideia, 2005, p. 164.

time de son ignorance et elle est convaincue qu'elle a choisi la forme correcte du néologisme roumain quelque peu dur. Il est évident que le problème de l'amour est essentiellement un pseudo-problème. Cependant, elle s'appuie sur l'effet maximum de l'attitude vengeresse, introduisant dans son jeu des tons violents, adoptant les gestes d'une femme éternellement amoureuse, mais désormais abandonnée. Ce qu'obtient son jeu est dérisoire – le rire de Naé Girimea, qui répond ironiquement : « Ne sois pas folle ! » Son évanouissement n'impressionne pas l'amant expérimenté, mais l'avertit que la « trahie » a un comportement déviant, bien sûr méprisé par le barbier-pharmacien : « NAÉ : Passe vite à côté, il y a la folle qui se trouve mal. Elle a piqué une crise, elle a failli se couper la gorge avec votre rasoir dincolo[45]. » Afin de sauver son amour, Mitza affiche toute la gamme des stratégies féminines, y compris la simulation du suicide et les crises de nerfs. Mais en vain. Dès lors, avec une dernière lueur de raison, « elle ne veut pas se compromettre ».

L'effondrement de l'âme des personnages féminins de Caragiale atteint son paroxysme avec Mitza. Le thème principal du vide de l'âme prend la forme d'un déséquilibre mental sans possibilité d'évasion. La confusion est totale, comme l'ont suggéré les actrices Gina Patrichi et Mariana Mihuţ, qui ont interprété ce personnage dans de remarquables créations artistiques.

Le choix de Caragiale de représenter de façon dramatique le milieu de la petite bourgeoisie apparaît particulièrement intéressant à travers ses deux représentants que sont M'sieu Léonida et son épouse Efimitza, dans la pièce *Conu' Leonida faţă cu reacţiunea* [*M'sieu Léonida face à la réaction*]. Au cours des événements, Efimitza joue un rôle plus important qu'il n'a semblé à première vue. Dans la galerie des personnages féminins du dramaturge, la place d'Efimitza est bien définie et, bien qu'elle n'ait apparemment pas de corps commun avec les autres, en réalité elle s'inscrit parfaitement dans les typologies déjà établies. Son personnage a la naïveté jouée de Véta, l'esprit d'initiative de Zoé, son désir d'une vie meilleure, tout comme Zitza, et l'ambiguïté comportementale de Mitza.

Efimitza ne comprend aucun des plaidoyers de son mari, car elle ne fait aucun effort à cet égard, le désintérêt et le manque d'instruction étant évidents. La performance qui doit être reconnue à ce personnage est qu'il mime avec succès la curiosité concernant le sujet exposé, elle comprend et approuve avec une grande cohérence tout

---

[45] I. L. Caragiale, *op. cit.*, p. 181.

ce que son épouse débite. G. Ibrăileanu considérait Léonida comme un bavard. Comment Efimitza pourrait-elle être éduquée politiquement par un homme qui, à son tour, ne comprend rien à ce qu'il dit ? Efimitza, au contraire, est curieuse, avance des objections et a des incertitudes[46]. Avec une ironie peu voilée (à l'adresse de Camil Petrescu ou à l'adresse de la féminité à laquelle la philosophie est niée ?), G. Călinescu établit un parallèle entre la « scène de l'alcôve » du roman *Ultima noapte de dragoste, întâia noapte de război* [*La dernière nuit d'amour, la première nuit de guerre*] et la pièce en un acte de Caragiale : « Jamais dans une alcôve de banlieue, des problèmes aussi graves n'ont été discutés avec une femme. Seul Gheorghidiu de Camil Petrescu donne une leçon de philosophie à sa femme dans une alcôve. La leçon est copiée d'un manuel d'histoire de la philosophie et totalement inappropriée, car la femme était distraite et insensible. Efimitza, en revanche, est curieuse, elle fait des objections logiques et elle a des incertitudes, et tout le débat suit sous l'impression des événements. »

Cependant, il ne faut pas sous-estimer le rôle de ce personnage dans le déroulement dramatique de la pièce. Le considérer comme un personnage secondaire ne trouve aucun fondement ; elle reçoit les premiers signes de la « révolution », elle essaie d'expliquer logiquement le déroulement des événements et c'est toujours elle qui taquine Léonida : « Efimitza : C'est une idée, Léonida ? C'est de la fantasmagorie, poulette ? C'est de l'hypocrisie, ma crotte ? »[47]. Efimitza passe à l'action, abandonnant les théories de son mari : « Vite, sœur, serre la main. » Elle laisse Léonida se manifester sur le plan des idées pour qu'elle puisse en réalité le devancer. À travers le travesti réalisé par des acteurs comme Grigore Vasiliu Birlic ou Mircea Diaconu, les metteurs en scène ont nuancé la relation entre les deux personnages.

La polémique relative à la théorie et la pratique est indifférente à Efimitza, elle préfère manifester un ancrage ferme dans le concret, une cohérence dans les appréciations, le tout pouvant se revêtir d'un soupçon d'esprit de la tradition. Soumise à l'homme, consciencieuse en ce qui concerne les devoirs domestiques ou son rôle dans le mariage, la pensionnée ne doute pas de la supériorité intellectuelle de Léonida. Son admiration pour son partenaire, mais aussi son sens de la réalité la poussent à demander timidement : « Enfin, tout de même, mon chou, moi avec ma jugeote de femme, pardon

---

[46] G. Călinescu, *op. cit.*, p. 149.
[47] I. L. Caragiale, *Théâtre*, Paris, L'Arche, 1994, p. 73.

si je te demande[48]. » Pour son propre confort mental et pour nourrir sa naïveté, elle n'analyse pas les réponses de son mari et préfère considérer tout ce qu'il transmet comme une vérité absolue : « C'est juste. Je n'y avais pas pensé[49]. » L'ironie du personnage, exprimée d'une façon très fine, « nous fait soupçonner qu'Efimitza est plus qu'un personnage de fond. Entre "bobocule" et "secule", Efimitza fait des exercices de pseudo-admiration, ayant pour résultat la paix de la maison »[50].

L'interprétation la plus proche de la description donnée ci-dessus à Efimitza est celle de Tamara Buciuceanu-Botez, dans un spectacle de télévision, dans laquelle l'actrice, exploitant au maximum la mimique et l'intonation bien nuancées, donne au personnage féminin la personnalité juste.

Les Comédies matrimoniales, essence et apparence

Titu Maiorescu estime que le théâtre de Caragiale adopte une perspective réaliste et profonde de la vie humaine. Dans une analyse qu'il a consacrée à cette époque, le dramaturge écrit : « Dans ce kaléidoscope de personnages, enchaînés dans leurs paroles et leurs actes pour mettre en scène des effets avec beaucoup de conscience de l'art dramatique, M. Caragiale montre la réalité sous son aspect comique. Mais on peut facilement entrevoir à travers cette réalité l'élément le plus profond et le plus sérieux, qui est inséparable de la vie humaine dans toute son apparence, car, en général, derrière toute comédie se cache une tragédie[51]. »

Dans ses pièces de théâtre, Caragiale ne donne pas beaucoup de chance à la relation de couple. Apparemment, le couple crée les prémisses d'une vie conjugale calme, dans laquelle les deux partenaires semblent pouvoir vivre heureux ensemble et même générer une harmonie autour d'eux. On ne trouve nulle part l'idée que le

---

[48] *Ibidem*, p. 68.
[49] *Ibidem*, p. 70.
[50] B. Ulmu, *Dicţionar de personaje din teatru*, Iaşi, Timpul, 2002, p. 133. Cette citation est traduite par Elena Isabelle Tamba.
[51] T. Maiorescu, *Comediile d-lui Caragiale*, dans *Opere*, II, ediţie, note, comentarii, variante, indice de Georgeta Rădulescu-Dulgheru şi Domnica Filimon, note şi comentarii de Alexandru George şi Al. Săndulescu, Bucureşti, Minerva, 1984, p. 41. Cette citation est traduite par Elena Isabelle Tamba.

dramaturge désapprouverait l'idée que « la famille est la base de la société ». Tout au contraire, il en renforce l'affirmation. La preuve en est que, dans toutes ses comédies, on trouve un couple autour duquel se déroule l'entièreté de l'action. Bien sûr, il considère la famille comme un noyau, mais ce qui se passe à l'intérieur de celui-ci détermine le cours même de la société. Quand la famille, le couple dans notre cas, ne trouve pas de modalités de communication, il est évident que la société en souffre aussi. Ceci est prouvé par les environnements sociaux choisis par le dramaturge : la classe moyenne, la banlieue, le groupe des bûcherons, ayant pour représentants Dumitraké et Véta, et, d'autre part, la haute société, représentée par le couple Trahanaké-Zoé.

Les personnages de la comédie *O noapte furtunoasă* [*Une nuit orageuse*], Véta et Dumitraké, mettent souvent en valeur leurs personnages par la façon dont ils se reflètent dans la structure psychologique de l'autre. Pourquoi Dumitraké devrait-il être un personnage éminemment comique et Véta un personnage tragique ? Cela n'est pas forcément et uniquement lié à l'intérêt dramaturgique, mais surtout aux recherches des metteurs en scène, ce qui, à nos yeux, est significatif du souci de l'auteur et de l'acteur d'observer comment la relation entre les personnages peut révéler leur psychologie.

La relation de couple Véta-Dumitraké est basée sur « l'honneur du père de famille » de Dumitraké et sur « la honte » et la timidité de Véta. Ce sont évidemment là les prérogatives d'une relation conjugale fondamentalement ratée, mais qui a pris les formes d'un mariage heureux. Le pauvre mari ne jouit d'aucun geste de tendresse de la part de son épouse, car l'idée de la sagesse matrimoniale de Véta, sa naïveté et sa décence sont déjà bien enracinées dans la mentalité du couple : « DUMITRAKÉ : Vous savez comment elle est, ma Véta... pudique[52]. »

Les données du caractère de Véta aident évidemment à la construction du personnage Dumitraké. « L'honneur du père de famille », souvent invoqué par Dumitraké, représente pour lui la norme de la respectabilité. C'est la manière dont il croit pouvoir attirer l'admiration et l'appréciation de son entourage, surtout envers lui-même. Le sentiment de jalousie lui est étranger car sinon il ne lui ferait pas confiance. Il est équilibré, sans hâte et s'exclame : « Vous voyez, c'est ainsi qu'un homme est aveuglé par les ennuis. » La peur de ne pas agir, de ne pas prendre une décision le met dans la posi-

---

[52] I. L. Caragiale, *op. cit.*, p. 52.

tion de cocu. Notre impression est que le personnage est vraiment en accord avec la situation dans laquelle il se trouve. Il ne semble pas être au courant de l'adultère de sa femme ou, peut-être, il ne veut pas l'accepter. On est enclin à croire qu'il préfère impliquer Kiriak dans son drame personnel, car il n'est pas capable de le résoudre seul. Beaucoup trop rudimentaire dans sa pensée, il est incapable de détecter les jeux de coulisses des autres personnages et canalise son énergie sur l'effort de comprendre ce qui se passe autour de lui : avec Zitza, avec Țârcădău, l'ancien beau-frère, qu'en est-il de la politique, etc.

Contre toute attente, Véta est capable de passions érotiques, mais qu'elle ne montre pas envers son mari, mais envers Kiriak. Elle « aime celui-ci d'un amour presque conjugal »[53].

L'adultère est présent dans les comédies de Caragiale à travers deux femmes qui manifestent un tempérament fort. Zoé, la protagoniste de la pièce *O scrisoare pierdută* [*Une lettre perdue*], et Véta font appel à ce geste sans hésitation ni remords. Si, dans *O noapte furtunoasă* [*Une nuit orageuse*], on peut dire que la vie du couple Véta-Dumitraké est conservée au moins en apparence, dans le cas de la relation Zoé-Trahanaké, on ne peut pas parler de la même chose. De manière surprenante, Trahanaké semble encore plus farouche que Dumitraké quand il soutient l'idée que sa femme lui est fidèle : « Pour moi, que quelqu'un soupçonne ma petite Zoé ou l'ami Fanica c'est tout un[54]. » Il est intéressant de signaler que Trahanaké, aussi zélé à soutenir l'honneur impeccable de Zoé, semble accepter le triangle conjugal sous une forme voilée. Il en tire certainement des avantages. Selon lui, l'amitié avec Tipatesco et les « intérêts du parti » vont de pair et cimentent le statut de famille, ajouterait-on, tandis que Dumitraké ne pouvait avoir de tels intérêts. La relation conjugale dans la banlieue de Bucarest par rapport à la haute société prend une autre forme du point de vue du mari trompé, mais aussi de celui de l'adultère. Outre la passion érotique que vit Véta avec son amant Kiriak, on peut observer un contraste comique entre l'énergie dépensée par Titircă pour défendre l'honneur de Véta et son attitude entre les deux hommes.

Je ne veux pas faire entendre ici qu'il y a lieu de préférer une pièce à une autre, mais plutôt de reconnaître et de souligner la motivation de l'adultère dans le cas des personnages de Véta et de Zoé.

---

[53] B. Ulmu, *Dicționar de personaje din teatru*, Iași, Timpul, 2002, p. 249.
[54] I. L. Caragiale, *op. cit.*, p. 107.

Le drame de Zoé « n'est pas passionnel, mais de l'ordre de la considération sociale ». Quelles que soient les motivations des personnages, le geste est utilisé avec l'effet attendu pour mettre en valeur les traits des personnages de Caragiale. Dans la structure de la pièce, le fait lui-même a un rôle de générateur d'intrigues, de conflits, le tout avec l'intention évidente d'authentifier les héros. Caragiale est apprécié pour le réalisme critique de ses personnages, qui sont si spécifiques qu'ils rivalisent même, a-t-on dit, avec les actes de l'état civil : « Eh bien, chez nous, seul Caragiale a ce mérite d'avoir créé des gens et de les laisser entrer dans le monde. C'est seulement Caragiale celui qui, sur le sol roumain, à côté des centaines de millions de personnes créées par Dieu tout au long du temps, en a créé quelques autres. Et ça, c'est le grand art[55] ».

Revenant aux ressorts des relations de couple dans les comédies de Caragiale, on ne peut pas ignorer l'attitude de Trahanaké envers Zoé. Vasile Fanache l'apprécie pour la mise en scène précise et réussie de sa propre comédie matrimoniale. Avec sa patience diplomatique, Trahanaké parvient à régler les conflits au sein du parti, ainsi que dans le triangle conjugal. Dans le chaos généralisé causé par la perte de la lettre, il parvient à se repositionner avec une grande intuition. Trahanaké fait preuve de plus de compétences et d'entraînement que Dumitraké. Il joue le rôle du cocu avec naïveté et habileté. Le secret de son comportement est de garder le rapport entre l'essence et l'apparence.

L'adultère de Zoé prend aussi la forme d'une passion érotique, mais, au fond, il satisfait le désir de pouvoir de l'héroïne. Sa capacité dépasse les attentes de son entourage, mais pas celles de Trahanaké. Leur mariage est moins visible que chez le couple Véta-Dumitraké et repose sur un accord tacite.

*

Le monde de Caragiale apparaît comme un monde en concurrence avec celui de l'état civil[56]. Tout en reconnaissant, comme relaté ci-dessus, qu'à la fin des pièces de Caragiale (au moins deux d'entre elles : *O noapte furtunoasă* [*Une nuit orageuse*] et *O scrisoare pierdută* [*Une lettre perdue*]) les personnages perdent leur identité, s'homogé-

---

[55] G. Ibrăileanu, *Studii literare*, ediție îngrijită și prefață de Savin Bratu, București, Tineretului, 1957, pp. 118-119. Cette citation est traduite par Elena Isabelle Tamba.

[56] *Ibidem.*

néisent, formant une masse compacte, quasi anonyme, sujette à un effondrement général – la fête électorale, le carnaval –, une conclusion plus nuancée s'impose.

Dans la *masse* de ce monde se distinguent, il est vrai, les figures typées de plusieurs personnages, identifiées par leurs noms, qui sont devenues, après un siècle, des noms presque communs dans le langage courant. Le vénérable *Trahanaké*, l'odieux *Agamiță Dandanaké, Farfuridi* et *Branzovenesco* (qui ne peuvent vivre qu'en tandem, comme les marionnettes dans une horloge), le vaurien *Naé Catzavenco* (dont le dramaturge avouait : « Je le hais »), *Dumitraké* et *Spiridon, Ipingesco* et *Pristanda, Kiriak* et *Tipatesco*, le « glorieux » *Léonida* et son épouse, la « seconde », *Efimitza*…, *Zoé, Mitza, Véta* et *Zitza*, et même *Safta* restent dans la mémoire en tant que *personnes*. Cependant, ce qui les différencie, c'est le fait qu'à travers l'art, ces personnages deviennent des *personnes exemplaires*, avec une fonction référentielle dans le monde réel. Le rapport est fait à ces personnages comme à certains types, modèles, points de repère dans les comparaisons critiques. Et l'agitation des relations entre eux est en concurrence avec la vie.

Il ne peut en être autrement, puisque le théâtre, plus que les autres genres littéraires, artistiques en général, se veut, par sa spécificité, une « vie condensée » entre la cage du souffleur et l'escalier arrière des machinistes. Il est une convention, un pacte : le texte théâtral représente une rupture dans la réalité, une projection de la réalité, condensée et intensifiée comme par un mécanisme optique. Et Ion Luca Caragiale sait mieux que tout autre dramaturge roumain régler ce mécanisme, de manière à forcer le récepteur à aiguiser son regard à la limite maximale, presque douloureuse, de la lucidité.

2.
Ion Luca Caragiale et Eugène Ionesco – sources et interférences

Un thème passionnant pour les exégètes, tant de l'œuvre de Caragiale que de l'œuvre d'Ionesco, est celui qui concerne la relation presque génétique entre les deux auteurs. La question de savoir dans quelle mesure la dramaturgie d'Ionesco aurait ses origines dans la création de Caragiale appelle une réponse nuancée. On se pose les mêmes questions à propos de la technique dramatique, des thèmes et des motifs caractéristiques de notre grand satiriste : dans quelle mesure peuvent-ils être considérés comme des innovations dramatiques ou être attribués au fait qu'il était au courant des tendances européennes de la seconde moitié de XIXe siècle, des tendances qu'il a adaptées et enrichies par l'énergie plastique de sa plume ? Aux yeux de Caragiale,

> « Une pièce, quelque primitive qu'elle soit, peut être très belle, tout comme une pièce moderne peut être, tout au contraire, très mauvaise. Les auteurs qui sont restés classiques et qui raviront toujours le monde sont, du point de vue de la technique et de la facture, des auteurs très primitifs, et les auteurs modernes, dont la facture a atteint le sommet du raffinement, passent les uns après les autres, ayant chacun un moment de succès, puis ils vont se noyer dans les profondeurs de l'oubli »[57].

---
[57] I. L. Caragiale, *Opere*, IV, ediție îngrijită de Al. Rosetti, Șerban Cioculescu, Liviu Călin, București, Editura de Stat pentru Literatură și Artă, 1965, p. 601. Cette citation est traduite par Elena Isabelle Tamba.

Dans l'esprit de ces considérations, des pièces comme *Muza de la Burdujeni* ou *Cinel-Cinel*, de Vasile Alecsandri, suscitent l'intérêt de Caragiale pour les débuts de la dramaturgie nationale.

La place d'Alecsandri parmi les précurseurs de Caragiale est reconnue par G. Ibrăileanu, par E. Lovinescu, ainsi que par G. Călinescu. Leurs affinités peuvent être facilement observées dans des pièces comme *Chirița în Iași* [*Chirița à Iași*] (1850), *Chirița în provincie* [*Chirița dans la province*] (1852), *Iorgu de la Sadagura* [*Iorgu de Sadagura*] (1852), des typologies esquissées jusqu'au tournant de certaines répliques.

On peut ajouter la comédie-vaudeville *Iașii în carnaval* [*Iași dans le carnaval*] ou la *Cânticelele comice* [*Petites chansons comiques*] (1852), où l'on retrouve Clevetici, par exemple, qui annonce Farfuridi de *O scrisoare pierdută* [*Une lettre perdue*].

La tendance à exagérer l'influence d'Alecsandri doit cependant être évitée. Même si, bien sûr, il est le précurseur le plus prestigieux de Caragiale, il ne s'ensuit pas qu'il soit aussi celui à qui il ressemble le plus. Au-delà des différences de niveau artistique, les deux créations diffèrent, dans leur substance intime, par l'atmosphère spécifique, par la tonalité du rire, par le tempérament qu'elles extériorisent.

Un pont peut être jeté entre Hasdeu et Caragiale. Inépuisable, la verve satirique de Hasdeu s'est manifestée sous des formes que nous pouvons appeler « pré-Caragiale ». Dans *Trei crai de la răsărit* (1867), l'épicier de Bucarest Hagi-Pană ressemble à un Dumitraké plus conservateur, radin parfait, pittoresque par son comportement et son langage. Jorj resemble à Venturiano à travers sa façon de parler le français et parce qu'il aspire à la main de Marița, comme « l'étudiant en droit », dans *O noapte furtunoasă* [*Une nuit orageuse*], désire ardemment Zitza. En général, l'intrigue des deux pièces est similaire, ce qui trace un fil de tradition.

Avant Caragiale, Iacob Negruzzi a tenté d'imposer dans notre dramaturgie des types « éternels » tels que l'hypocondriaque (Cristachi Văcărescu) ou l'avare (Chilipir). Les résultats sont peu nombreux et pâles par rapport à ceux du maître. La comédie *O alegere la senat* [*Une élection au Sénat*] (1878) exploite satiriquement les mêmes réalités, les mêmes mœurs politiques que la comédie *O scrisoare pierdută* [*Une lettre perdue*] (1883). D'où certaines similitudes en termes de types et de situations. Panaite Dudulea, avocate et journaliste, est un Catzavenco plus modeste en prétentions, mais tout aussi versatile et se montrant bon bec, déterminé à obtenir le poste d'avocat d'État. On y observe des scènes en « miroir », comme, par exemple, chez Iacob Negruzzi, celle dans laquelle, avec des effets d'hilarité, un article de journal est lu et commenté. La fin amène la réconciliation des camps en conflit grâce à une solution de compromis.

Dans son étude intitulée *Caragiale. Universul comic*, Ştefan Cazimir part d'une citation de Valéry : « Rien de plus original, rien de plus convenable que de se nourrir des autres. Mais tu dois les digérer. Le lion est composé de béliers assimilés ». Et il ajoute : « Notre admiration pour Caragiale reflète un faisceau de sympathie pour les précurseurs, et son travail, en tant que protection idéale, nous aide à mieux comprendre les épreuves quelque modestes qu'elles soient, à intégrer mentalement ce qu'elles contiennent au stade de l'esquisse, de l'intention, du geste imparfait[58]. »

La recherche de sources possibles qui ont alimenté l'inspiration de Caragiale permet de souligner que l'esprit de certains prédécesseurs a été absorbé par notre auteur et renforcé par son verbe pétillant. On ne peut toutefois pas omettre les influences étrangères qu'il a assimilées, non sans dire tout d'abord qu'elles sont encore sous le signe d'hypothèses. Il n'est pas non plus nécessaire de tomber dans le régime de la spéculation, dans un excès opposé, comme le fait, à mon avis, Ioan Constantinescu qui, dans *Caragiale şi începuturile teatrului european modern*, souligne le fait que l'écrivain roumain a établi les bases de la dramaturgie européenne moderne. Les interférences entre l'opéra de Caragiale et le théâtre français (Scribe, Labiche, Sardou) se manifestent à la fois en termes de construction dramatique et de moyens artistiques. Scribe a excellé dans la technique du vaudeville, maniant avec virtuosité le *quiproquo*, une technique parfaite qui donne à l'action une augmentation constante du rythme.

Une cadence animée du dialogue, fréquemment ponctuée par des répétitions et des interruptions, l'utilisation large et insistante du comique verbal, parsemé de formules répétitives. On retrouve également tout cela chez Caragiale.

Quelques ressemblances existent entre *Laba gâştii* [*La patte d'oie*] de Victorien Sardou et *O scrisoare pierdută* [*Une lettre perdue*]. On se réfère en particulier à la « trouvaille » de la lettre, qui produit de la confusion. En termes de valeur, le chef-d'œuvre de Caragiale est toutefois à un niveau supérieur.

---

[58] Ş. Cazimir, *op. cit.*, pp. 94-95.

La fin du XIXe siècle a été marquée dans la dramaturgie roumaine par l'esthétique du théâtre de Caragiale. Au niveau européen, on assiste alors à la crise du théâtre moderne. De nouvelles structures dramatiques sont recherchées, le rejet de la littérature est accentué et l'autonomie du théâtre est fortement proclamée. Craig, Tairov, Appia voyaient le théâtre comme un art « total », syncrétique, exigeant une reconsidération du rôle de la parole, équilibrée avec le geste, avec le mouvement. Il peut paraître surprenant que la redéfinition du langage dramatique, le souci du remodelage du personnage se retrouvent également dans les opinions théoriques de Caragiale. Le dramaturge roumain, esprit réceptif et mobile, était attentif aux tendances ancrées développées au-delà de l'espace national.

Dans le travail susmentionné, Ioan Constantinescu détecte des similitudes entre les éléments de la structure dramatique de l'œuvre de Caragiale et celles d'Ibsen, Strindberg ou Maeterlinck. Le faux présent dramatique, l'interférence de l'épopée, la crise de l'action, le drame circulaire, l'espace clos ont également été remarqués par Paul Zarifopol, Anna Colombo, Bernstein Elvin, mais sans nécessairement être replacés dans le contexte de la crise du drame moderne.

Interrogé sur l'influence de la littérature roumaine sur son travail, Eugène Ionesco affirme : « Il y a des écrivains roumains très intéressants, un grand auteur de théâtre qui s'appelle Caragiale, mais Caragiale lui-même était influencé par les auteurs qui m'ont aussi influencé, par le Flaubert des *Idées reçues*, par Henri Monier, par Labiche[59]. » Dans *Notes et contre-notes*, Ionesco partage à propos de Caragiale d'autres remarques pénétrantes, dont aucun exégète ne peut passer : « En effet, l'humanité, telle qu'elle nous est présentée par cet auteur, semble ne pas mériter d'exister. Ses personnages sont des exemplaires humains à tel point dégradés, qu'ils ne nous laissent aucun espoir. Dans un monde où tout n'est que dérision, bassesse, seul le comique pur, le plus impitoyable, peut se manifester[60]. » Ce sont, peut-on dire, des observations pleines de finesse.

Des écrivains comme Ion Luca Caragiale ne perdent pas leur actualité car ils nous aident par leur esprit libre, par leur attitude ludique-ironique à remettre sans cesse en question des valeurs considérées comme évidentes et qui semblent immuables. Cependant, ce fait n'est pas directement lié à un concept de non-sens de l'exis-

---

[59] C. Bonnefoy, *Entretiens avec Eugène Ionesco*, Paris, Belfond, 1966, p. 27.
[60] E. Ionesco, *Notes et contre-notes*, Paris, Gallimard, 1962, p. 118.

tence et aux grandes paraboles du théâtre de l'absurde dans l'après-guerre. Les premières farces d'Eugène Ionesco peuvent éventuellement nous offrir une possibilité de projection à travers laquelle les comédies de Caragiale pourraient apparaître sous un jour nouveau, si l'on pense aux critères d'universalité, situation qui lui a été refusée jusqu'à présent. Par conséquent, il faut dire reconnaître en Ion Luca Caragiale un précurseur d'Ionesco, quoiqu'il soit, sans aucun doute, plus que cela.

Le rapprochement peut s'établir avec les premiers travaux d'Ionesco, avec ses farces, qui spéculent sur la prolifération des clichés pratiqués par le « petit-bourgeois universel ». Chez Ion Luca Caragiale, on a affaire au reflet des visages de la banalité. Alors que la farce tragique d'Ionesco révèle les peurs métaphysiques de l'individu, projetant le vide de sens sous la forme d'une image parabolique, le monde tordu de Caragiale est lui multicolore, vaste, bavard. Un monde dépourvu de substance, dans lequel les farces n'ont rien d'abyssal. Il y a aussi le spectacle captivant du langage, avec des stéréotypes amusants, la répétitivité étant orchestrée musicalement.

Beaucoup de gens considèrent Caragiale comme un contemporain, le regardant à travers un prisme socio-politique. Cela peut avoir deux conséquences : d'une part, une conséquence avantageuse, si l'on capitalise sur l'acuité du regard du grand satiriste et les ressources de son génie verbal ; d'autre part, une façon de penser est créée de manière inertielle, minée par des préjugés, visible dans certaines des mises en scène actuelles des comédies de Caragiale.

Le personnage – nuances psychologiques révélées par le langage

Robert Abirached, dans son œuvre *La Crise du personnage dans le théâtre moderne*, considère que la notion de *type* a pour première acception le sens de marque, la seconde étant la désignation d'un modèle qui servira comme tel. Dans le cas du personnage théâtral, celui-ci est toujours doublé de « signes » facilement reconnaissables dans la vie civile. C'est pourquoi il porte les empreintes de l'imaginaire collectif. Trois modèles de cristallisation du personnage dans l'imaginaire peuvent être distingués. Lorsqu'elle s'inscrit dans la *mémoire du public*, elle porte les reflets d'un système d'images exemplaires, qui servent de référence pour une société et après quoi les générations suivantes sont guidées dans une certaine mesure. Elle est également liée à un *imaginaire social*, qui produit des types familiers pour tous et où chacun peut facilement reconnaître sa propre vision de la vie quotidienne, qui naît de croyances personnelles et est soumise à un code communément accepté, qui configure une typologie générale des rôles et des modes d'expression. Enfin, le personnage est en relation avec tout ce qu'implique l'*inconscient collectif*, qui contient aussi l'archétype. Le type attribue généralement un statut au personnage et décrit ses caractéristiques morales, sociales et politiques.

Parler n'est, pour le personnage de Caragiale, ni un moyen ni un but : c'est une forme de vie. Parler signifie exister dans ce monde, et parler prend la place de tout. C'est une activité captivante, qui comporte des fonctions complexes. Devenu soudainement silencieux, le monde de Caragiale perdrait probablement son souffle et, s'il vivait aujourd'hui, il reprendrait certainement les mêmes principes : mots dans le vent, potins tournoyant en cercle. Ce monde agité se manifeste sans but, ne fait que consommer son énergie et peut donner à ses habitants le sentiment de vivre leur propre liberté. Le fait qu'il n'y ait pas d'espace pour la vie intime ne dérange trop les personnages de Caragiale. Comme l'exprime Mircea Iorgulescu, « ce monde est composé d'individus si semblables les uns aux autres qu'ils se confondent non seulement entre eux, mais ils changent toujours de rôles, de positions et d'opinions, d'attitudes et de croyances »[61].

Le terme *conversation* est quelque peu inapproprié, car dans l'univers de Caragiale le monologue prédomine dans n'importe quel contexte, l'interlocuteur étant plutôt dans la situation d'auditeur passif, le « réson » et le « bravo » faisant partie de l'arsenal de tout ami désireux d'approuver son ami. Les gens de l'ordre et de la loi ne diffèrent aucunement des autres, au contraire ils sont présents dans tout ce qui se passe illégalement, incorrectement, immoralement et ils négligent les abus, les escroqueries, la corruption, la tromperie. « La loi, ajoute Mircea Iorgulescu, est vraiment dure dans le monde de Caragiale, mais elle s'adoucit rapidement[62]. » L'hypocrisie est un mode de vie, voire un art, utilisé par ceux qui veulent survivre, réussir, parvenir.

> « Le marais du bavardage permanent est donc traversé par les courants de sous-significations et de messages cryptiques, opaques, dont le vrai code est également lié à l'éthique et à la linguistique. Leurs significations, structurellement duelles, à la fois vraies et fausses, prennent la forme de stéréotypes multi-

---

[61] M. Iorgulescu, *op. cit.*, p. 17.
[62] *Ibidem*, p. 33.

fonctionnels, circulent en dessous des mots, dissolvent leurs propres significations en les rendant malades et en les dévalorisant. La rhétorique du monde de Caragiale est maline, ruse, tout comme son mode de vie est malin : deux plans inséparables. Le marasme du langage et les métastases socio-morales sont des réalités interdépendantes dans ce monde[63]. »

L'univers de Caragiale est un monde de sonorités perdues. Quand les gens se sont échauffés, ils ne semblent pas utiliser leurs propres mots. Ils parlent en longues phrases démembrées, sans lien logique et grammatical. Ils mentent et ils disent la vérité en même temps, car ils sont coupables et en même temps innocents, vivant toujours dans une dualité permanente qui s'exprime également dans le langage.

Le type de Caragiale préfère les lieux publics tels que les brasseries, les bodegas, les tavernes, les cafés, les lieux où on parle sans fin, mais sans communiquer. Ces personnages n'ont rien à communiquer et n'en ont même pas la motivation : la langue a pour eux d'autres fonctions. Le monde de Caragiale est justifié et incarné par le langage qui naît et meurt par les mots. Par la verbalisation, ce monde rompt avec la réalité ou la métamorphose en fiction et prend les attributs spécifiques de l'illusion.

Si, dans le cas d'Ionesco, il y a lieu de parler de non-caractère, il est important de préciser d'abord le terme *caractère*. Ce terme est considéré comme un trait distinctif, plutôt que général, concernant l'identité et la fonction du personnage dans la pièce. Dans ce contexte, l'accent est mis sur le contour psychologique du personnage, qui dicte son comportement et assure la cohérence nécessaire pour être crédible. Il est à noter que cette esquisse n'est pas un objet d'analyse pour le dramaturge, mais un donné fondamental du personnage, qui sera révélé par ses propres actes. Le comportement du héros dépend d'une série de causalités, dont dépend la logique de la scène. Le personnage ionescien nommé par le dramaturge comme non-caractère est défini sur scène comme une présence-absence. Cette place intermédiaire lui confère un statut incertain.

La structure du personnage, qui comprend à la fois le type et le caractère, montre une construction qui n'est pas achevée. Ainsi, les personnages n'ont pas de nom défini : il s'agit de l'Élève, de l'Enseignant, comme chez Caragiale, ou du citoyen ivre qui fait preuve de son ouverture. Chez Caragiale comme chez Ionesco, le personnage

---

[63] *Ibidem*, p. 35.

apparaît vidé de son contenu, se présentant au spectateur comme un échafaudage incertain qui n'est pas soutenu par une base concrète.

Dans la plupart de ses pièces, Eugène Ionesco s'appuie sur le mécanisme théâtral lui-même, un mécanisme qui implique : le mécanisme du langage, les automatismes du comportement (absence de vie, absence de pensée), l'accélération de l'action, mais aussi son retrait de toute la construction dramatique. La manière dont il utilise ces mécanismes se distingue des coutumes du théâtre traditionnel. Habituellement, deux formes de mécanisme sont constitutives du théâtre : le *tragique*, qui correspond à la fatalité qui conduit le héros à la mort, et le *comique*, qui consiste en la répétition de phrases ou de situations. Ces mécanismes construisent l'intrigue et, en même temps, la poussent jusqu'au bout. Chez Ionesco, au contraire, le mécanisme vient du comique, du burlesque, du comportement même des personnages, qui devient soudainement tragique. La richesse de l'univers ionescien réside dans la diversité de ces systèmes : dans *Cântăreața cheală* [*La Cantatrice chauve*] il y a un clic qui rend la conversation folle et puis tout prend un nouveau sens. Dans *Scaunele* [*Les Chaises*], c'est justement l'accélération, cette « danse » des chaises, que Semiramis fait monter sur scène dans un rythme inhabituel.

Une des sources du caractère ionescien est l'obsession de la rupture entre lui-même et le monde. C'est l'idée d'un monde où l'homme est constamment agressé par tout ce qui l'entoure : la nature, les objets, son propre langage, c'est-à-dire ces mécanismes incontrôlables, mais qu'il déclenche souvent lui-même.

Habituellement, lorsqu'on parle du théâtre d'Ionesco, on se réfère au thème de l'incommunicabilité. On dit souvent que ses personnages essaient de se comprendre, mais n'aboutissent à aucun résultat, n'arrivent pas à transmettre ou à recevoir quelque chose de ceux qui se trouvent autour d'eux, et qu'en conclusion ils vivent sans repères, dans le vide. En fait, comme pour les personnages des premières pièces d'Ionesco (ses premières pièces ressemblent à celles de Caragiale), on pense que les personnages ne peuvent pas et ne veulent pas communiquer, ils sont vidés de toute psychologie, agissent comme des mécanismes. Les héros ne peuvent pas communiquer, principalement, avec eux-mêmes, parce qu'ils sont séparés d'eux-mêmes. Ils parlent de manière impersonnelle et vivent dans une société collectivisée. Ils ne peuvent pas être seuls parce qu'ils n'ont pas le désir de se plonger dans leurs pensées. C'est pourquoi, la plupart du temps, ils sont ensemble et parlent, parlent... Ils font du bruit, du vacarme, du tapage, parce qu'ils ont oublié le sens et la valeur de la solitude. Le seul qui la perçoit est Bérenger qui, à la fin de la pièce de *Rinocerii* [*Rhinocéros*], reste le seul homme parmi les monstres, la seule conscience lucide parmi les êtres aliénés. Bérenger se retrouve seul dans un monde déshumanisé, où tous les individus tendent à se ressembler. Ils sont dépersonnalisés, ont abandonné leur vie et ont trouvé dans cette abdication une joie primaire.

L'humour se manifeste souvent dans l'œuvre d'Ionesco au niveau du langage, qui souvent s'appuie sur des jeux de mots ou sur l'utilisation inhabituelle d'énumérations verbales.

Dans *Cântăreața cheală* [*La Cantatrice chauve*], on découvre l'absence de langage ou plutôt la présence d'un langage préfabriqué et automatisé, une sorte de sous-langage. Ionesco lui-même dit de cette pièce :

> « Je suis parti de clichés, d'automatismes, de vérités toutes faites. À un moment donné ces vérités deviennent folles. Cela tient à ce que les personnes sont des marionnettes, appartiennent au monde petit-bourgeois de toutes les sociétés. Ils vivent dans les slogans. Au fond je n'ai eu qu'à écouter les gens parler autour de moi. Ils parlaient comme on parle dans la méthode Assimil. Ils sont eux-mêmes des automates : ils ont un sous-langage[64]. »
>
> Et encore : « Pour en revenir à ce que je fais, le théâtre c'est pour moi l'exposition de quelque chose d'assez rare, d'assez étrange, d'assez monstrueux. C'est quelque chose de terrible qui se révèle petit à petit à mesure que progresse non pas l'action, ou alors il faut mettre ce terme d'action entre parenthèses, mais une série d'événements ou d'états plus ou moins complexes. Le théâtre est une sorte de succession d'états et de situations allant vers une densification de plus en plus grande[65]. »

Cântăreața cheală [*La cantatrice chauve*] n'a pas besoin d'avoir une fin ou d'en avoir plusieurs, car cette pièce est l'expression d'une hétérogénéité. Le fait inattendu, l'inédit, peut être très bien exprimé sur scène par l'apparition de n'importe quel personnage. Tout est contingent et donc toutes les fins sont possibles. On a aussi voulu donner un sens différent à la pièce par le fait que la fin peut aussi avoir valeur de commencement ou de début. La pièce commence avec un couple Smith et reprend avec Martin, ce qui indique le caractère interchangeable de personnages communs. Ce sont des personnages vidés de toute substance, de tout élément psycholo-

---

[64] C. Bonnefoy, *op. cit.*, p 160.
[65] *Ibidem*, p. 166.

gique. Ils énoncent n'importe quoi, et ce n'importe quoi n'a pas de signification particulière. On veut donner à ce fait des significations psychologiques, sociologiques, réalistes. En fait, dans cette pièce, on ne peut parler que de fantômes évoluant sur scène[66].

On a souvent dit que le théâtre d'Ionesco est un théâtre de l'homme solitaire qui ne communique pas avec les autres, et cependant on voit que les personnages d'Ionesco se parlent facilement. Ce qui les rend malheureux, c'est qu'ils ne peuvent pas être seuls dans leur intimité.

La création dramatique d'Ionesco semble dominée par une obsession majeure qui se traduit par un langage pétri de clichés et de formules verbales héritées, si l'on veut élargir l'horizon, d'une société aliénée. Ionesco dénonce ce langage, montrant ses limites, son absurdité, en un mot, son caractère dérisoire. Après tout, ce langage vidé de son contenu exprime, bien entendu, son manque de substance, qui se traduit par « parler sans rien dire ». C'est un langage formel, où les significations sont dévorées par les signes. Une question de son, et c'est tout. Cette critique du langage aliéné s'effectue sous le signe de la dérision, dans un processus de réduction à l'absurde. En ce sens, il convient de prendre au sérieux le passage de la *Lecţia* [*Leçon*], où Ionesco, par l'intermédiaire du Professeur, propose toute une théorie – évidemment parodique – du discours dénué de sens :

> « Si on produit plusieurs sons à une vitesse accélérée, ils s'accrocheront automatiquement les uns aux autres, formant ainsi des syllabes, des mots et même des phrases, c'est-à-dire des groupes plus ou moins étendus, des ensembles de sons purement irrationnels, dénués de tout sens. »

Une telle manière de faire peut aussi signifier que le dramaturge considère la langue comme un phénomène extérieur. En dernière analyse, il est possible de réduire un langage quelconque à son substrat sonore, mais cela signifie principalement qu'on a refusé de le pénétrer, de le comprendre, c'est-à-dire de se placer dans la pensée qui a besoin d'être exprimée et comprise. Telle est l'attitude d'Ionesco envers les pièces qu'il écrit.

Dans *Scaunele* [*Les Chaises*], par exemple, on est confronté à une situation pervertie dès le début : deux anciens dialoguent avec des invités qui n'existent pas du tout, et leurs paroles, parce qu'elles ne

---

[66] Cf. *Les Critiques de notre temps et Ionesco*, Paris, Garnier, 1973, p. 113. Cette citation est traduite par Elena Isabelle Tamba.

s'adressent à personne, sont littéralement détruites sous nos yeux. Parler signifie sortir de soi, établir un contact social. Mais si le contact avec l'autre n'est que fictif, le logos est annulé dès qu'il est énoncé. Sans doute le théâtre d'Ionesco, à travers ce langage proliférant, annonce-t-il la mort, qui est retardée. Toujours suspendu au bord de la mort, l'antithéâtre ionescien est toujours fragile, dans une interrogation permanente sur l'être ou ne pas être.

Quant à Caragiale, Tudor Vianu souligne que « la parole humaine est la grande expérience de Caragiale, la fonction qu'il connaissait le mieux et maîtrisait avec la précision d'un virtuose, la cellule germinale de tout son art »[67].

La virtuosité du dialogue est la marque de son langage dramatique. Ștefan Cazimir distingue deux ressources fondamentales du comique verbal, à savoir, la *spécificité maximale* et l'*interférence des registres*. Le discours spécifique qui se caractérise par une appartenance déterminée, qu'il s'agisse d'aspects sociaux, professionnels ou géographiques, peut induire des effets comiques tant que l'attention du spectateur est déplacée du contenu de la communication vers son aspect formel. D'un autre côté, mélanger les registres peut aussi produire le comique.

Le comique des héros de Caragiale vient du langage ancien, sédimenté et raide, ainsi que de celui qui présente de nouvelles constructions. Parmi ceux qui rendent hommage à un langage enfermé dans les tics, il y a des individus de tous les horizons sociaux, comme, parmi les plus âgés, Dumitraké : « on parle sans se comprendre », M'sieu Léonida : « il lui a monté une garde », ou la plus jeune Zitza : « mieux vaut sûr que mal », Véta : « se marier ». Ces exemples s'intègrent tous dans une atmosphère linguistique archaïque qui est en même temps assez proche de la langue populaire.

Quant à l'énoncé ayant un aspect plus récent, il est lié aux circonstances sociales et culturelles de l'époque. La chute dans l'hilarité vient du fait que les héros n'arrivent pas à la maîtriser correctement, étant donné que leur adaptation est superficielle, ce qui conduit à un mimétisme ridicule.

La syntaxe a également de riches valences comiques. « Le rythme – c'est l'essence même du style », déclare Caragiale. Mais le rythme de la réflexion accordé aux outils linguistiques précaires génère

---

[67] T. Vianu, *Studii de literatură română*, București, Didactică și Pedagogică, 1965, p. 351. Cette citation est traduite par Elena Isabelle Tamba.

une incohérence abyssale, bloquant la communication, la rendant incompréhensible.

Chez Caragiale, les déviations logiques provenant du comique de langage ne manifestent pas leur substance absurde de la même manière que chez Ionesco. La phrase mémorable « L'Industrie roumaine est admirable, on pourrait même dire qu'elle est sublime, mais elle n'existe pas »[68], exprime un grand vide de pensée. De là, les automatismes et les acrobaties grotesques, dans des rythmes bien accordés par les narcotiques parlants. Dans *O scrisoare pierdută* [*Une lettre perdue*], Zoé, dans ses moments de trouble, scande comme l'héroïne d'un drame : « ZOÉ : Pendant une semaine, un mois, une année, cette aventure, à elle seule nourrira toutes les conversations »[69], « ZOÉ : Tout ce bruit qu'il me semble entendre déjà, ce scandale, cette chronique infernale ! »[70]. La maîtrise du grand satiriste consiste dans la finesse de l'équilibre entre les effets hilaires du comique verbal et la condition spécifique de chaque personnage.

Deux marques indubitables : le comique de Caragiale et l'absurde d'Ionesco

La dramaturgie d'Ionesco se construit sur l'opposition – qui n'est pas toujours perceptible – entre les mécanismes, non psychologiques, et plus précisément sur tout ce qui signifie, d'une part, des automatismes de comportement et d'énonciation, la désarticulation du langage et, d'autre part, l'illusion, le rêve, l'angoisse, l'obsession. D'un point de vue théâtral, cette opposition se matérialise en comique et tragique. On pourrait dire que Caragiale fait la moitié du parcours d'Ionesco, en ce sens qu'il n'exploite que le côté comique. Il ne s'agit pas de diminuer l'importance dramaturgique de Caragiale, mais d'essayer d'approfondir les lignes directrices de son travail. Exploitant le côté comique, il y imprime de nouvelles valences. Quant au tragique, certains critiques ont affirmé qu'il est perçu à un niveau subtil, dans le cas d'une lecture éclairée.

Pour Ionesco, il n'y a pas de barrière entre les genres dramatiques. Dans *Cântăreața cheală* [*La cantatrice chauve*], le comique n'est que le début du tragique. Il suffit d'accélérer le mouvement pour accéder au registre comique, et de le ralentir pour trouver le tragique. On

---

[68] I. L. Caragiale, *op. cit.*, p. 146.
[69] *Ibidem*, p. 113.
[70] *Ibidem*, p. 49.

perçoit le comique au premier niveau de lecture, pour comprendre plus tard que la pièce est en fait une expression de l'angoisse.

Le comique ionescien se manifeste à plusieurs niveaux : le comique de situation, le comique mécanique, les calembours, qui ont aussi leur propre mécanique. L'humour noir met en évidence l'absurdité du monde. Pour faire la différence entre le comique et l'humour, on peut dire que le personnage se trouve parfois dans des situations qui sont embarrassantes pour lui, et donc sont comiques. S'il comprenait que sa posture est drôle, cela signifierait qu'il aurait le sens de l'humour. Mais… si tu te rends compte qu'une situation est absurde, pourquoi continues-tu à vivre dans cette absurdité ?

Ioan Constantinescu est parmi les premiers à observer dans l'œuvre de Caragiale des éléments de l'absurde :

> « Vivant dans un monde clos, excessivement hiérarchique, hostile, isolé, sans possibilité de communication authentique avec les autres, l'homme commence à perdre son sens de la réalité, de la perception et de l'évaluation […]. D'ailleurs, les automates semblent remplacer les vivants dans un monde réifié et ainsi ouvrir une vaste carrière à toutes les manifestations absurdes[71]. »

Le motif du « monde à l'envers » est un bon déclencheur de l'absurde dans des pièces comme *Scaunele* [*Les Chaises*], *Cântăreața cheală* [*La Cantatrice chauve*], ainsi que dans *D-ale carnavalului* [*Scènes de carnaval*] ou *O scrisoare pierdută* [*Une lettre perdue*].

Pour Caragiale, cette raison est subsumée à une vision de carnaval. Le masque, par son apparence, renvoie à des significations généralement humaines, au-delà des rapports entre les personnages et leurs actes. Chez Caragiale, le masque ne tombe jamais, il cache toujours le vrai Kiriak, Tipatesco ou Naé Girimea. Dans le cas d'autres personnages, tels qu'Ipingesco, Léonida, Catzavenco, Farfuridi, Le citoyen ivre, Dandanaké, Catindatul, Pampon, Crăcănel, le masque se confond avec l'homme et le neutralise même. De plus, dans une pièce comme *D-ale carnavalului* [*Scènes de carnaval*], l'embarras, la confusion persiste, devenant un état normal. Le dramaturge opère un renversement radical des valeurs. Les méchants et les trompeurs ne sont pas punis, les trompés restent trompés, le vice prévaut, les imbéciles deviennent représentatifs, la sénilité passe pour intelligence : Dumitraké fait de Kiriak le gardien de l'honneur de sa famille ; pour Trahanaké, Tipatesco est un ami.

---

[71] I. Constantinescu, *Caragiale și începuturile teatrului european modern*, București, Universalis, 2003, p. 186. Cette citation est traduite par Elena Isabelle Tamba.

Si, chez Caragiale, le motif du « monde à l'envers » devient vraiment théâtral, chez Ionesco, au-delà de la réalité scénique, il se reflète à la fois dans le langage et dans la non-psychologie des personnages. Les personnages de Caragiale, à la psychologie fragmentée, se lancent dans une véritable frénésie verbale, pouvant offrir des repères dans le temps et l'espace. Quant à Ionesco, les distorsions de langage s'accompagnent d'un manque de destination et d'appartenance.

> « L'absurde est une notion très imprécise. L'absurde est peut-être l'incompréhension de quelque chose, des lois du monde, il naît du conflit de ma volonté avec une volonté universelle ; il naît aussi du conflit entre moi et moi-même, entre mes diverses volontés, impulsions contradictoires[72]. »

Le caractère absurde du théâtre d'Ionesco naît de l'étonnement que le spectacle mondial produit sur le dramaturge. En revanche, on craint de traduire en répliques la réalité brutale et le comportement quotidien des uns et des autres.

Considérant Caragiale comme étant « probablement le plus grand des auteurs dramatiques inconnus », Ionesco exprime ce qu'il apprécie dans son travail :

> « La déformation du langage, l'obsession politique sont si grandes que tous les actes de la vie baignent dans une bizarre éloquence, faite d'expressions aussi sonores que merveilleusement impropres, où les pires non-sens s'accumulent avec une richesse inépuisable et servent à justifier, noblement, les actions inqualifiables : on trahit des amis, "dans l'intérêt du parti" ; trompée par son amant, une femme lui jette du vitriol à la figure "parce qu'elle a un tempérament républicain"[73]. »

La déformation du langage, la technique de la répétition, de l'épaississement sont également des processus dominants chez Ionesco.

> « Si donc la valeur du théâtre était dans le grossissement des effets, il faut les grossir davantage encore, les souligner, les accentuer au maximum, pousser le théâtre au-delà de cette zone intermédiaire, qui n'est ni théâtre, ni littérature, c'est le restituer à son cadre propre, à ses limites naturelles. Il faut ne pas cacher les ficelles, mais les rendre plus visibles encore, délibérément évidentes, aller à fond dans le grotesque, la caricature, au-delà de la

---

[72] C. Bonnefoy, *op. cit.*, p. 140.
[73] E. Ionesco, *op. cit.*, p. 119.

pâle ironie, des spirituelles comédies de salon. Pas de comédies de salon, mais la farce, la charge parodique extrême[74]. »

Ionesco cherche à mettre en évidence dans ses pièces les « éléments dramatiques purs » ainsi que les mécanismes de l'action, se considérant lui-même comme semblable à cet égard à Feydeau.

« Dans *La Leçon*, par exemple, il n'y a pas une histoire, mais il y a tout de même une progression. J'essaie d'arriver à la réalisation d'une progression par une sorte de densification des états d'âme, d'un sentiment, d'une situation, d'une angoisse. Le texte n'est qu'un prétexte pour un jeu de comédiens, en partant du comique pour arriver à une exaltation progressive. Et le texte n'est qu'un appui qu'un prétexte pour cette intensification[75]. »

Dans *Lecția* [*La leçon*], on remarque que la quarante et unième étudiante sera tuée avec la même frénésie que le quarantième, que la situation atteindra à nouveau le paroxysme. On retrouve la même accélération, la même accumulation dans la dernière scène, comme une explosion imparable. On remarque cette technique chez *Jacques și supunerea* [*Jacques et la soumission*], *Scaunele* [*Les Chaises*] et *Rinocerii* [*Les Rhinocéros*].

Le rythme des pièces d'Ionesco est un rythme d'intensification, d'accélération, d'accumulation, de prolifération, poussé à l'extrême, lorsque la tension psychologique atteint l'impossible et que s'ensuit une détente qui libère la tension et lui substitue une sensation de sérénité, de calme. Cette libération prend des nuances comiques. C'est pourquoi on dit souvent que les pièces d'Ionesco sont des comédies, mais il ne faut pas non plus oublier leur dimension tragique.

Dans une conversation entre membres de la famille sur le sujet de leur naissance, leurs mariages, leurs occupations, Ionesco les appelle tous Watson avec l'intention d'obtenir le résultat suivant : un effet comique basé sur le contraste entre ce qu'une famille devrait être et ce qu'elle est en réalité ; en d'autres termes, l'effet est créé par une vérité (tragique) cachée derrière les apparences considérées autrefois comme normales. Le théâtre d'Ionesco est la comédie ridicule, mais aussi terrifiante, de l'homme accablé par sa propre existence.

Par contraste, on se rend compte que le théâtre de Caragiale a une origine différente, un chemin et même un but différent. La

---

[74] *Ibidem*, p. 13.
[75] *Les critiques de notre temps et Ionesco*, Paris, Garnier, 1973, p. 151.

simple affirmation que les deux dramaturges écrivent une comédie ne suffit pas, car, en fait, le comique qu'ils pratiquent diffère considérablement. Caragiale est un « vivant » de son temps, qui prend ses sujets dans la société qu'il connaît bien et dont il fait la satire, souvent dans un langage juteux et acerbe. L'œuvre d'Ionesco a une dimension métaphysique et on peut observer, au-delà du langage désarticulé qui contient des automatismes, le souci du dramaturge pour le devenir de l'être humain. « Pousser tout au paroxysme, là où sont les sources du tragique. Faire un théâtre de violence : violemment comique, violemment dramatique[76]. »

> « Il est donc non seulement permis, mais recommandé de faire jouer les accessoires, faire vivre les objets, animer les décors, concrétiser les symboles. De même que la parole est continuée par le geste, le jeu, la pantomime, qui au moment où la parole devient insuffisante, se substituent à elle, les éléments scéniques matériels peuvent l'amplifier à leur tour[77]. »

Par son esthétique, Ionesco s'approche du « théâtre de la cruauté » d'Artaud, qui voit dans l'art du spectacle un spectacle total, où il n'y a pas de cruauté physique ou morale, mais plutôt une souffrance d'exister qui prend des notes tragiques.

Dans son ouvrage *Caragiale, fireşte*, Liviu Papadima ne voit pas dans quelle mesure on a affaire aux manifestations d'une « crise » ou d'une « révolte », qui justifieraient la perception de l'absurde comme donnée fondamentale de la création de Caragiale : « On peut parler d'absurde dans un sens strictement formel, concernant la logique d'un énoncé, d'une image, d'une situation. En revanche, l'absurde ne se limite pas à la construction ou à la détection d'une illogicité. Elle présuppose, en même temps, une attitude valorisante, une axiologie souvent impliquée[78]. » L'absurde de Caragiale est principalement comique. Le jeu des adversités, la confusion de la logique, visent tous les deux le rire purificateur, dans lequel Caragiale excelle sans aucun doute. Dans le cas d'Ionesco, l'absurde, à l'aspect comique, acquiert des connotations tragiques. « J'ai intitulé mes comédies "pseudo-pièces", "drames comiques" et mes drames "pseudo-drames" ou "farces tragiques", car, me semble-t-il,

---

[76] E. Ionesco, *op. cit.*, p 13.
[77] *Ibidem*, p. 16.
[78] L. Papadima, *Caragiale, fireşte*, Bucureşti, Fundaţiei Culturale Române, 1999, p. 144. Cette citation est traduite par Elena Isabelle Tamba.

le comique et tragique, et la tragédie de l'homme, sont dérisoires[79]. » D'où l'absurdité.

Quant à Caragiale, lorsqu'on parle du comique, on en identifie plusieurs types. Le *comique de situation* crée l'image d'un monde de carnaval et l'impression de mécaniser la vie – un mécanisme pourvu de pièces qui peuvent s'interchanger et avoir des effets réversibles. Il ne peut pas atteindre la plénitude de l'effet uniquement en recourant à la variété, car il a besoin d'une adaptation intelligente à la psychologie et au comportement des protagonistes et d'une forte fixation en réponse : « L'hilarité du combat entre Didina et Mitza atteint son paroxysme avec l'entrée de Naé Girimea, dont la première réponse, voyant ce qui se passe, est "Naé : Cassez pas les glaces ! Elles sont en location !"[80], le comique de situation se transformant en un comique de mœurs[81]. »

Dans le *comique de caractère*, la rigidité, l'automatisme et l'insociabilité peuvent s'entremêler en un seul personnage. Ce type de comique est en corrélation avec les tendances de l'auteur, atteignant la standardisation. Ridicules sont l'affectation, les écarts entre les prétentions et la réalité, l'ignorance totale, la stupidité, l'inculture, la crédulité, la démagogie, le mimétisme, la servitude, la lâcheté. Il faut cependant remarquer que se moquer de ces faiblesses humaines ne suffit pas pour obtenir l'effet comique, car elles ne représentent pas un moyen de réalisation en soi, mais le matériau utilisé. « L'effet comique dépend des conventions de genre et de la vision d'ensemble d'une part, d'un cumul sur chaque séquence de la pièce d'autre part. Quant au comique de caractère, essentielle est l'intuition globale que le lecteur ou le spectateur acquiert sur le personnage et sur ce qui pourrait lui arriver[82]. » La satire des mœurs vient de l'inadéquation entre la vraie nature du personnage et ce qu'il imite, du contraste entre l'essence et l'apparence.

Le comique peut être généré à n'importe quel niveau de langage : phonétique, lexical, morphologique ou syntaxique, des niveaux qui supportent différents processus de sa réalisation. Le *comique de langage* a, on le sait, une place privilégiée chez Caragiale. Les échanges de répliques sont le matériau essentiel de la créa-

---

[79] E. Ionesco, *op. cit.*, p. 13.
[80] I. L. Caragiale, *Œuvres*, Bucarest, Paideia, 2005, p. 214.
[81] P. Constantinescu, *Comediile domnului Caragiale*, București, Pentru Literatură, 1967, p. 260. Cette citation est traduite par Elena Isabelle Tamba.
[82] P. Constantinescu, *op. cit.*, p. 261. Cette citation est traduite par Elena Isabelle Tamba.

tion dramatique. Une composition extrêmement ingénieuse peut échouer en l'absence d'expression verbale. Le dramaturge est en effet un maître de l'usage du langage. Il tire des effets de virtuosité de la façon dont la plupart de ses personnages écrasent le langage ou l'utilisent dans la communication de manière inappropriée. Au fur et à mesure que le comédien a créé des personnages mémorables, il a mis en circulation un grand nombre de formules mémorables, de « dictons », qui avec le temps sont devenus « propriété de la mémoire collective ».

> « Les valences comiques du langage sont exploitées à la fois stylistiquement. Le style est l'homme, dit un dicton. Dans la littérature de Caragiale, le langage des personnages est leur style, leur manière d'être. Doté d'un style auditif exceptionnel, capable de percevoir les plus fines nuances du langage parlé, Caragiale a aussi le don de concrétiser intuitivement les personnages à travers leur propre énoncé[83]. »

La vision du monde de Caragiale n'est pas aussi absurde que celle d'Ionesco, car elle est en même temps sarcastique et ludique. Ses comédies ont deux dimensions prédominantes : *la politique et ses distorsions, la famille et ses troubles*. Les réserves exprimées sur sa considération en tant que précurseur du théâtre de l'absurde sont justifiées, à condition de ne pas confondre la catégorie de l'absurde, qui existait dans la littérature bien avant lui, avec les règles spécifiques du théâtre de l'absurde au XXe siècle. Il ne faut cependant pas oublier que Ion Luca Caragiale n'était pas un adepte de l'innovation ostentatoire ; ses articles théoriques ou ses chroniques dramatiques le prouvent. Le langage sous forme de dialogue prolongé ou d'abondance verbale est parfois sans but pratique : dans ce cas, la loquacité du personnage peut être davantage attribuée à l'expression du caractère extraverti du tempérament méridional que ses personnages représentent d'une manière ou d'une autre. Par conséquent, la gratuité du langage ne peut pas être subsumée, dans le cas de Caragiale, à ce qu'on entend par absurde. Son intégration dans ce courant pourrait être un moyen de « mettre à jour » son œuvre et une tentative de « l'ennoblir esthétiquement », une « distinction » dont Caragiale n'a pas forcément besoin. Le risque est de lui attribuer une vision sombre et un rire laconique qui ne sont pas les siens. Pour lui, le monde est logique. Seules les incongruités du langage, la faible maîtrise de l'invasion des néologismes donnent l'impression d'un univers tordu. Sinon, le caractère de caricature et de marion-

---

[83] *Ibidem*, p. 262. Cette citation est traduite par Elena Isabelle Tamba.

nette des personnages, les conventions littéraires, le jeu verbal et le penchant parodique le rapprochent d'Ionesco, sans que, je le répéte, « l'esprit de l'absurde » lui soit vraiment propre. Le mérite que lui attribue Ionesco est qu'« il a révolutionné le théâtre roumain », facile à révolutionner, car, pour ainsi dire, il n'existait pas. En fait, Caragiale a créé le théâtre moderne.

Caragiale et Ionesco se sont préoccupés du rôle de la dramaturgie dans l'acte théâtral, contribuant substantiellement à son renouvellement. Sans faire de la théorie un but en soi, Ion Luca Caragiale s'est avéré être, explicitement, le premier théoricien roumain à proposer une manière bien structurée de conception théâtrale. Les quelques articles, parmi lesquels notamment « Cercetare critică asupra teatrului românesc » et « Oare teatrul este literatură? », construisent un système cohérent qui montre le souci de l'auteur pour la structure dramatique de la pièce de théâtre, pour le texte proprement dit, qui a le rôle d'« échafaudage », du scénario dans une représentation scénique quelconque. Le dramaturge roumain comprend le théâtre comme un art total qui implique la scénographie, la mise en scène, l'art de l'acteur, l'éclairage, et dont le but ultime est la représentation sur scène. Un théâtre conçu en tant qu'art constructif, dans lequel l'action a un rôle de catalyseur.

Le langage, chez Eugène Ionesco, est réduit à une fonction relativement mineure. Selon sa conception, le théâtre ne peut pas être comparé aux formes d'expression pour lesquelles le langage est la seule manière d'expression, comme dans le cas de la poésie ou du roman. Au théâtre, le mot est utilisé à travers le dialogue, qui soutient le conflit. Le langage au théâtre n'a pas de rôle en soi, mais en est un des éléments : le dramaturge peut le traiter comme il veut, il peut faire en sorte que l'action contredise le texte, ou que le dialogue semble simplement désintégré, devenant ainsi rien de plus qu'un matériel à modeler.

Dans ses pièces, Ionesco a cherché à exprimer l'irrationnel, l'expression authentique de l'absurde opérant une double dissolution : du personnage et du langage. Il a abandonné le principe d'identité et d'unité de caractère, au profit d'une psychologie dynamique. Il a créé un théâtre total, car il a inclus le spectateur dans l'acte artistique exécuté sur la scène. Les acteurs jouent des personnages communs, sans identité précise, qui, la plupart du temps, semblent nous ressembler. L'œuvre d'Ionesco parle de la réalité humaine, principalement, de son drame.

Sous le signe du grotesque

Selon les explications données par le *Dicționarul explicativ al limbii române*, le *grotesque* est ce qu'on appelle le comique excessif, en raison de son aspect caricatural, inhabituellement drôle, ridicule, burlesque, bizarre. On le définit comme une catégorie, plus précisément une hypostase esthétique qui reflète la réalité sous des formes fantastiques, disproportionnées et qui a pour opposé le sublime. Il est un dérivé du comique, à côté du bouffon et du burlesque.

Selon Anna Ubersfeld, le mot remonte à la Renaissance et désigne des peintures représentant des objets ou des personnages fantastiques et implique la décoration de grottes. Sans prétendre analyser les origines du grotesque ni commenter ce sujet, je rejoins l'avis d'Adrian Marino[84], qui estime que les espèces de comédies sont difficiles à classer. Leur évolution et leur variété nous obligent cependant à préciser quelque peu la notion de grotesque.

La notion de *grotesque*, en effet, dépasse le champ du théâtre, étant théorisée par Victor Hugo (*Préface de Cromwell*) et Mikhail Bakhtin (à propos des œuvres de Dostoïevski et de Rabelais). Ces auteurs avancent l'idée que ce qu'on appelle *grotesque* n'est pas seulement une forme esthétique, mais aussi une contre-culture, qui « fait sauter Sganarelle autour de Don Juan et Méphistophélès ramper jusqu'aux pieds de Faust » – on cite ici Anne Ubersfeld, qui reprend à son tour la citation de l'ouvrage de Victor Hugo – *Préface de Cromwell*.

Le grotesque dans le théâtre se manifeste par ce que Bakhtin appelait « mésalliance », c'est-à-dire la coprésence de personnages opposés. Concrètement, dans l'action, le grotesque résulte de la juxtaposition oxymoronique de grands personnages et d'actions vulgaires.

Certaines caractéristiques du grotesque seraient les suivantes :
- le comique porté au grotesque a une causalité spécifique ;
- cela suppose une attitude critique, de non-adhésion ou de contestation, comme s'exclame Caragiale à propos de ses personnages : « Je les déteste, moi ! » ;
- le comique est « détesté », parce qu'il ridiculise – le ridicule épais devient grotesque ;

---

[84] A. Marino, *Dicționar de idei literare*, Sub verbum « Comedie », București, Eminescu, 1973, p. 112.

- il implique un écart, une distorsion, par rapport à une norme spécifique et atteint l'idéal bouleversé (la contradiction est la base du comique) ;
- il implique la distanciation – la technique de la distanciation comique. Je crois que si le dramaturge a dit « Je les déteste, moi ! », il a certainement déclaré aussi à quel point ses propres personnages sont gentils. Par cela, il parvient à établir une relation claire avec son œuvre, laissant une marge de liberté dans l'analyse de sa dramaturgie.

Le chemin qui va du comique au grotesque inclut le tragique. Le comique devient involontairement tragique lorsque l'absurde, le non-sens intervient. Ensuite, le comique acquiert un goût amer, se revêt de nuances oppressantes. Mais lorsque ce fait est regardé de manière critique, avec lucidité, on assiste à une dégradation du tragique et à un glissement inaperçu vers un ton grotesque.

Parodié, minimisé, caricaturé, le tragique devient une forme de dérision et de grotesque. Est éloquente, en ce sens, la manière dont une pièce comme *D-ale carnavalului* [*Scènes de carnaval*] offre ses suggestions grotesques, augmentées, il est vrai, par la vision du metteur en scène, dans la représentation qu'en offre le film de Lucian Pintilie.

Le grotesque en tant que forme spécifique est une « imitation exagérée », une création. Et si l'on ajoute que Bakhtin note justement que le grotesque est lié tout au long de l'histoire au moment du *carnaval*, on appréciera l'heureuse intuition de Pintilie pour accentuer la note grotesque, dans l'ambiance carnavalesque, comme personne ne l'a fait auparavant.

« Je sens énormément et je vois monstrueusement », dit le dramaturge, comme s'il définissait le grotesque des comédies. Le procédé est le même : l'exagération, l'énormité à travers l'image hyperbolisée, la distorsion et l'épaississement caricatural. Marian Popa, dans son ouvrage *Comicologia*, apprécie que « le grotesque n'est pas une catégorie de la perception, mais de la conception et de la figuration du monde ». Compte tenu de l'aveu du dramaturge et de l'appréciation du critique, on peut dire que l'on découvre Caragiale à travers le grotesque comme un créateur quasi inconnu, comme le bâtisseur d'un monde quasi fantastique.

Dans *Histoire des littératures*, on lit que le dramaturge roumain « a fait de son théâtre une école du grotesque » (Eugène Ionesco, Matei

Vişniec). Ioan Constantinescu, dans *Caragiale şi începuturile teatrului european modern*, reprend l'appréciation de Giulio Bertoni, à savoir que « le grotesque prédomine dans l'œuvre de notre écrivain ». On complétera ce qui a été dit en déclarant que beaucoup de personnages de Caragiale portent plus ou moins la marque du grotesque, tout comme on en a quelques-unes éminemment grotesques : Dandanaké, Léonida et Efimitza, les personnages de la pièce *D-ale carnavalului* [*Scènes de carnaval*].

À travers le grotesque de caractère, de langage, de situation, ces personnages jouent le ridicule jusqu'à l'absurde, la caricature et finalement la désintégration (selon l'idée émise par Anna Ubersfeld : la grotesque-*destruction*).

Les scènes dans lesquelles apparaît Rica Venturiano sont celles dans lesquelles le grotesque des situations s'accorde avec celui du dialogue, le personnage étant le seul entièrement caricaturé dans *O noapte furtunoasă* [*Une nuit orageuse*].

> « RICA : Je l'ai échappé belle jusqu'à présent ! Sainte Barbe, continuez à me sauver ! Je suis jeune encore ! Bon génie des lendemains roumains qui chantent, protège-moi, car moi aussi je suis roumain ! (*Il respire péniblement et essaie de calmer ses palpitations*). Oh ! Quelle nuit orageuse ! Quelle horrible tragédie ! (*Il lui semble entendre un bruit et tressaille.*) Quelles péripéties ! »[85].

On découvre Rica Venturiano comme un nourricier de l'action, de ses initiatives et de ses confusions jaillissant dans tout le mouvement de la pièce. Dans son cas, la différence entre l'essence et l'apparence fait de lui un personnage grotesque (comme cela a été remarqué dans les interprétations de Horaţiu Mălăele, Iurie Darie, mais surtout de Florin Zamfirescu).

À côté de Rica Venturiano, deux autres personnages peuvent trouver leur place dans une transposition de marionnettes : Léonida et Efimitza. Je suis convaincue que cette forme d'expression sert très bien le grotesque de Caragiale, étant comme moulée sur les besoins psychologiques de ses personnages, en fait sur leur inactivité psychique. Même l'antithèse entre les dimensions des proportions de la marionnette par rapport à celles de l'être humain et l'exagération du défaut humain sont grotesques. La schématisation des figures, mais non la simplification, équilibrée avec l'essentialisation de la technique de la marionnette, donne un résultat favorable à la représentation scénique elle-même.

---

[85] I. L. Caragiale, *Théâtre*, Paris, L'Arche, 1994, p. 52.

Comme le souligner Ioan Constantinescu, il s'agit d'une « technique de profondeur », qui est loin de créer des personnages « qui se répètent d'un opéra à l'autre ». Donnant l'impression d'une voiture mal programmée, Léonida se distingue par le grotesque du langage, un langage falsifié et perverti, qui nous provoque plus qu'un sourire. On remarque une construction bizarre du discours, parfois son incohérence, qui conduit à la gratuité, à l'inutilité, puis aux répétitions de mots, à l'accumulation et aux confusions, qui révèlent le fantasme verbal. Dans son substrat, on peut lire l'insuffisance de l'esprit, la médiocrité de ses prétentions, fait qui nous donne la sensation de l'absurde, de l'irréel avec des accents grotesques. Le personnage énonce sereinement les inepties les plus surprenantes : il veut une république car « s'il y a la République, personne ne paie plus d'impôts », « ensuite chaque citoyen touche un bon salaire tous les mois, égal pour tous », « en troisième lieu, on fera aussi une loi moratoire qui tient compte du mérite »[86].

Chez Dandanaké, on remarque le tic gestuel et verbal, le « mécanisme de marionnette », présent également chez les personnages que je viens d'évoquer – au fond, le grotesque.

La distorsion du langage le déforme même physiquement. On pourrait dire que l'on assiste à la décomposition du personnage, si l'on se souvient que le monde de Caragiale ne fait qu'exister. À propos du personnage « plus misérable que Catzavenco et plus stupide que Farfuridi », on peut remarquer, d'abord, que du point de vue de l'action il est presque inexistant, son entrée en scène ne changeant pas du tout le cours des événements ; cela le colore simplement en tant que personnage. Puis, dans son cas, le grotesque devient un moyen essentiel d'expression et, pour preuve, des metteurs en scène tels Nicolae Scarlat, puis Silviu Purcărete proposent la pièce *O scrisoare pierdută* [*Une lettre perdue*] avec une interprétation travestie du personnage Dandanaké (interprété par les actrices Livia Doljan et Leopoldina Bălănuţă). L'approche donne une image ambiguë au personnage, suggérant de manière surprenante le monde monstrueux dans lequel évoluent les héros de Caragiale.

On retrouve le grotesque de manière plus prégnante et uniforme dans *D-ale carnavalului* [*Scènes de carnaval*]. Lucian Pintilie a été le premier à remarquer et à capitaliser la qualité particulière de la parodie de Caragiale. Ayant un support de farce, c'est-à-dire une comédie à contenu léger, dans laquelle le comique provient principalement

---

[86] *Ibidem*, p. 73.

de mots d'esprit et de situations drôles, parfois burlesques, et non de l'étude approfondie des personnages, on peut dire que l'on a les prémisses d'un grotesque proche de celui de la *Commedia dell'Arte*, légèrement sautillant et ludique. À travers le jeu des masques, on entre dans la sphère de la réalité simplifiée, peuplée des gens vulgaires, aux nuances évidentes de férocité. Dans un monde confus et déformé, on rencontre le caractère burlesque et bouffon, le tout opérant dans le « cercle fermé » (Eugène Ionesco) du monde vulgaire conçu par le dramaturge. Parmi les personnages du spectacle, je considère l'interprétation de Gina Patrichi, dans le rôle de Mitza, comme un standard pour une proposition de jeu aux éléments grotesques, dont Valentin Silvestru a apprécié la richesse des moyens d'expression.

Si, dans la mise en scène de Bulandra, Lucian Pintilie oscillait entre l'humain et le grotesque, avec des transitions progressives d'un registre à l'autre, ne reposant que sur une construction dramatique, dans *De ce trag clopotele, Mitică? [Pourquoi sonnent les cloches, Mitică ?]*, on a une création quelque peu séparée de l'œuvre du dramaturge, dans laquelle la ligne grotesque prédomine dans le jeu de l'acteur et dans la vision du metteur en scène. Ici, le comique grotesque ne laisse plus aux personnages aucune chance de se sauver de l'aliénation ou de la déshumanisation conduisant irrémédiablement à la perdition.

Point. À la ligne

Reprenant une idée mentionnée ci-dessus, je pense que le placement de Caragiale, en tant que condition de la pérennité, dans la littérature de l'absurde, comme parfois certains tentent par, avec une insistance qui veuve le dramaturge roumain de substance, est restrictif. Premièrement, au sens strict, c'est un produit de la première moitié du XIXe siècle. L'affiliation ne génère ni ne transmet de valeur. Si l'on peut parler d'absurde, c'est parce que la vie que reflète la création de Caragiale contient et propulse son absurdité, avec une palette colorée d'effets. L'actualité de l'œuvre de Ion Luca Caragiale dépasse celle actuelle de l'existence, l'absorbant et se jumelant avec elle. La force de cette actualité, comme de toutes les grandes œuvres, est donnée par sa capacité à transcender la temporalité, se déversant dans un présent continu.

3.
Valences sémantiques de la technique de jeu

Les spectacles réalisés dans l'espace roumain après les pièces de Caragiale donnent lieu, aujourd'hui comme dans le passé, à de vives discussions. Les raisons en sont innombrables. Deux de celles-ci sont pertinentes quant à mon sujet d'analyse : d'une part la notoriété et l'actualité des écrits du dramaturge, d'autre part la qualité des visions du metteur en scène et l'authenticité du jeu des acteurs.

La richesse du matériel documentaire ne m'a motivé que partiellement à choisir le thème de cette étude ; j'ai jugé important en particulier l'approfondissement du phénomène Caragiale, tant du point de vue de la théorie que de celui de la pratique lors des cours universitaires dans les domaines de l'*Istoria teatrului românesc* (*L'histoire du théâtre roumain*) et de l'*Arta actorului* (*L'art de l'acteur*). Outre le contenu de ces cours, indispensables à la formation de tout acteur – et auxquels s'ajoute la liste de la bibliographie étudiée et des spectacles regardés –, il m'apparaît nécessaire de faire état de quelques observations concernant l'art de l'acteur en général et ses éléments dans les mises en scène des pièces de Caragiale en particulier. En ce sens, une comparaison entre la vision du dramaturge roumain sur l'art de l'acteur et celle de plusieurs grands théoriciens du théâtre, parmi lesquels K. S. Stanislavski, Michael Chekhov, Antonin Artaud, Peter Brook, s'avère des plus intéressantes. L'importance de la technique de jeu dans l'acte artistique du spectacle, les significations que le jeu confère, à partir d'un texte interprété plus ou moins fidèlement, acquièrent de nouvelles valences dans les représentations des pièces de théâtre d'un dramaturge tel que Ion Luca Caragiale.

Pour des raisons rhétoriques, je reprends une question souvent posée : « À quoi sert une technique de jeu de l'acteur, alors qu'il ne peut utiliser que son talent ? » Pour Michael Chekhov, la question n'est pas seulement rhétorique, aussi en ajoute-t-il une autre : « Pourquoi l'enfant intelligent doit-il aller à l'école ? *ce copilul inteligent trebuie să meargă la şcoală?* ». Quel que soit le talent naturel d'un acteur, il ne pourra démontrer sa maîtrise sans une technique parfaitement gérée, cohérente et soutenue :

> « Le talent, ce qu'on appelle "l'inspiration" est le plus capricieux des dons. L'acteur qui ne se fie qu'à son talent s'expose généralement à toutes sortes de déboires professionnels. Il lui manque une base stable. La moindre contrariété, le moindre changement d'humeur, ou une mauvaise forme physique, peuvent bloquer son inspiration et rendre son talent inopérant[87]. »

La différence entre un acteur professionnel et un amateur est que le premier a une méthode selon laquelle il dirige son travail, tandis que le second joue au hasard, peut-être même sans nuances et sans but. L'avantage de l'acteur est qu'il peut suivre sa technique dans les représentations et même l'améliorer, ce qui révélera un saut qualitatif et une diversification des moyens d'expression. Le contraire est évident, car il y a aussi des amateurs parmi les soi-disant professionnels. La situation n'est pas à condamner, car la nature humaine tend à atteindre son but en suivant le droit chemin, direct et simplifié. Le théâtre, cependant, est régi par d'autres règles, à savoir que, la plupart du temps, la première solution facile n'est pas indiquée, mais celle qui implique une longue recherche, un effort supplémentaire, au service de la construction du personnage, de la scène, etc.

La méthode dans l'art de l'acteur ne garantit pas le succès de la composition du rôle, mais elle facilite considérablement les recherches et même les fait structurer et nuancer, aidant l'interprète à réaliser la performance.

---

[87] M. Chekhov, *Être acteur : méthode psychophysique du comédien*, Paris, Olivier Perrin, 1967, p. 209.

Quelques éléments de l'art de l'acteur dans la construction du personnage du point de vue des théoriciens du théâtre

J'essaierai une description de la technique de l'acteur du point de vue des esthéticiennes du théâtre, à travers le prisme du personnage de Caragiale et, selon les différentes situations, dans une perspective inversée. Cette démarche me semble être indispensable, car la vision de Caragiale sur le travail de l'acteur est identique, à bien des égards, à celle des théoriciens du domaine, plus anciens ou plus proches de nous. Un débat sur l'art de l'acteur, se référant à diverses théories, est plus que tentant. Ce n'est toutefois pas l'objet d'étude de ce livre, aussi tournerai-je mon attention vers la personnalité ou le personnage de Caragiale lui-même afin d'analyser les éléments représentatifs dans le langage de l'art de l'acteur.

La psychologie schématique du personnage de Caragiale révèle des êtres humains qui se présentent sans complexité d'âme et qui évoluent selon des stéréotypes comportementaux. La communication que pratique l'auteur se veut pleine de contenus, mais de son discours ne transpirent qu'une énergie gaspillée en vain, un bavardage dénué de sens, vidé de son message. La plupart des personnages de Caragiale, esprits agités, imprévisibles, ont besoin d'espace pour se manifester, ce qui leur donne l'illusion de la liberté. L'instinct de ses personnages est animé par le désir de s'affirmer, d'être au centre de l'attention. Ils interagissent, mais toujours avec un intérêt en leur faveur, et puis ils bavardent, jasant, sans s'écouter, poussant l'acte de communication vers la perversion.

Comme des marionnettes, les héros de Caragiale bougent, crient, vocifèrent, profèrent des cris articulés pour faire sentir leur présence même quand on ne la veut pas[88]. Les tempéraments de certains sont bouillants, même s'ils ne le laissent pas entrevoir de prime abord :

« KIRIAK : La porte... je l'ai fermée !...

VÉTA : C'est bien. Elle se trouve face au public ; elle est émue.

KIRIAC : Vous n'avez plus rien d'autre à m'ordonner ?

VÉTA : Comment, moi, vous donner des ordres... à vous ?

---

[88] M. Iorgulescu, *Marea trăncăneală*, București, Fundației Culturale Române, 1994, p. 165.

KIRIAC : Me donner des ordres, naturellement ; n'êtes-vous pas la patronne ? ... ne suis-je pas domestique à gages, chez vous ? »[89].

Dans tous les contextes, les héros des pièces de Caragiale manifestent une énergie permanente qui les satisfait pleinement, car elle atténue le vide de l'âme que seule Mitza ressent, non pas parce que la psychologie le lui permet mais parce qu'elle a besoin de libérer son énergie débordante.

L'exemple de Mitza illustre cette folie, à laquelle elle est conduite, traduite par une excitation nerveuse, menée au paroxysme :

> « MITZA : Oui... parce que tu m'as oubliée, parce que tu as tout oublié, tu as oublié que je suis une fille du peuple et que j'ai le sang chaud : tu as oublié que dans mes veines coule le sang des martyrs du 11 février (formidable), tu as oublié que je suis née à Ploiești, oui à Ploiești... Et je te ficherai une de ces révolutions ! Je ne te dis que ça ! Tu t'en souviendras pour le reste de tes jours ! »[90].

On se pose naturellement la question suivante : de quelle manière un acteur doit-il se préparer à interpréter un tel personnage ? Une réponse possible est suggérée, dans un tout autre contexte, par K. S. Stanislavski et qui s'intègre très bien dans la situation donnée. L'homme de théâtre russe a demandé à ses étudiants de soulever un piano tout en répondant aux questions qu'il leur pose. Pas de réponse ! « Vous voyez, dit Tartsov, que pour répondre à mes questions vous avez dû vous libérer de la charge que vous teniez, détendre vos muscles, et seulement après vous concentrer. Ce qui prouve bien que la tension musculaire empêche la vie intérieure de s'exercer normalement[91]. » La relaxation serait donc une suggestion pour le début des travaux.

J'ai rencontré le même problème pendant des répétitions et surtout avant les spectacles, quand à chacun d'entre nous il a été crié des coulisses : « Fais éclater la scène ! », ce qui, dans le langage courant, se traduit par un jeu énergique, en verve et soutenu. Tout le monde se préparait alors à entrer dans la peau du personnage et surtout à toucher le frémissement intérieur et l'expressivité extérieure du personnage sans tensions inutiles, dans l'espoir qu'il serait capable de construire des personnages viables.

---

[89] I. L. Caragiale, *Théâtre*, Paris, L'Arche, 1994, p. 32.
[90] I. L. Caragiale, *Œuvres*, Bucarest, Paideia, 2005, p. 179.
[91] C. Stanislavski, *La formation de l'acteur*, Paris, Payot & Rivages, 2001, p. 123.

3. Valences sémantiques de la technique de jeu

Je considère, à la suite des expériences que j'ai acquises jusqu'à présent, qu'un regard légèrement éloigné du personnage (mais pas avec le détachement brechtien) pourrait apporter de nouvelles visions interprétatives, dignes de considération. Un tel regard ferait apparaître la liberté de manifestation artistique, c'est-à-dire l'improvisation, que Peter Brook justifiait et dont il expliquai la finalité : « Pourquoi improviser ? D'abord pour créer une atmosphère, une relation, mettre tout le monde à l'aise, permettre à chacun de se lever, de s'asseoir sans que cela crée un drame[92].» À un autre niveau, le but de l'improvisation authentique, libérée des schémas conscients et inconscients, est, pour Brook, le salut du « Théâtre Mort », car « le spectateur ne s'aperçoit qu'un acteur joue faux que parce que, au fur et à mesure que progresse le personnage, les faux détails sont substitués aux vrais. L'acteur joue faux parce qu'il traduit par des attitudes imitatives de minuscules bribes d'émotions artificielles »[93].

L'improvisation est étroitement liée à l'imagination, que le même théoricien considérait comme « un muscle » qui, bien entraîné, peut répondre aux besoins primordiaux de l'interprète. Du point de vue du praticien, les comédiens du *Théâtre du Soleil* sont parvenus en 1973-1974 à créer un spectacle où les moments interprétés naturellement, normalement, alternent avec des scènes à valeur symbolique, suggérées par un geste ou par un masque[94].

L'interprète du personnage de Caragiale a la chance d'avoir de multiples sources d'inspiration. Tout d'abord, on peut considérer que le dramaturge lui-même a été généreux avec lui, lui fournissant un texte plein de contenu dramatique avec des effets comiques, sur lequel le talent de l'acteur peut capitaliser – comme cela s'est produit avec la variante Rica Venturiano dans l'interprétation de Ştefan Iordache au Théâtre Nottara, ou celle de Horaţiu Mălăele dans un spectacle à la Télévision roumaine[95]. Pour l'acteur désireux d'étudier son rôle avec assiduité, les recherches sont variées et les résultats

---

[92] P. Brook, *Le Diable c'est l'ennui : propos sur le théâtre*, Arles, Actes Sud, 1991, p 76.
[93] P. Brook, *L'Espace vide : écrits sur le théâtre*, Paris, Seuil, 1977, p 148.
[94] I. Berlogea, *Teatrul şi societatea contemporană. Experienţe dramatice şi scenice ale anilor '60-'80*, Bucureşti, Meridiane, 1985, p. 168.
[95] Tout au long de l'histoire des spectacles après les pièces de Caragiale, des acteurs se sont adaptés au rôle au point de s'identifier avec celui-ci. Un exemple est celui cité par Ion Cazaban : « À Iaşi, Athena Georgescu est surnommée "Coana Veta", après le rôle dans lequel elle excellait » (*Caragiale şi interpreţii săi. Un secol de reprezentare pe scenele româneşti*, Bucureşti, Meridiane, 1985, p. 85).

productifs. Un acteur français, Michel Bouquet, dans son livre *La Leçon de comédie*, révèle des détails de son propre laboratoire de création artistique :

> « Je ne dirais pas que c'est un travail intellectuel mais plutôt d'association d'idées, de curiosités, de sensations. C'est purement intuitif et instinctif et je ne pense pas que ça puisse être autre chose. Le pouvoir de l'acteur, c'est son imagination ; il doit chercher à demeurer sous son emprise. S'il m'arrive de compulser un ouvrage ayant trait à un sujet qui concerne le rôle que je prépare, je n'en retiendrai que deux ou trois images. Je n'essaierai pas de lire un livre pour comprendre, mais pour être impressionné[96]. »

En scène, les personnages agissent et interagissent dans une relation de subordination avec leur jugement. Comme on l'a montré, pour que l'acteur vienne jouer un rôle, il doit comprendre les motivations de la réflexion sur « l'être » qu'il incarne. Ensuite, il tentera de trouver une série d'éléments structurels (à partir desquels le personnage est configuré), tels que : Véta est une femme pleine de sagesse (sa relation dans le triangle conjugal est une relation d'*épouse*, dans les deux situations, et non de maîtresse ; dans un monde avec sa propre morale, dans lequel la tromperie de Kiriak est plus grave que rendre son mari cocu, à l'honneur de qui – en tant que père de famille – le débitant de boissons « consent » sincèrement) et aux gestes généreux ; ou : Zitza a un comportement rudimentaire et la gaieté d'une personne intellectuellement peu développée, de sorte que, plus tard, grâce à l'improvisation et à force d'imagination, l'actrice parvient à incorporer tous les détails dans un personnage crédible.

Stanislavski, dans son ouvrage de base sur *La formation de l'acteur*[97], conseille un appel à l'action. Cette opinion est naturelle, si l'on considère que c'est la seule manière d'arriver à établir des relations en scène. Une aide supplémentaire est représentée par les didascalies de Caragiale, dont certaines sont très précises en termes d'action, mais que l'acteur doit considérer comme des jalons d'après lesquels il peut en construire d'autres en fonction des besoins de la scène et du personnage. La responsabilité de l'acteur est précisément de maintenir la relation vivante, indispensable pour le partenaire de scène, et captivante pour le public. Peter Brook appelle cette qualité de relation « éclat » et ajoute que, sans elle, le public s'ennuie. Puis

---

[96] M. Bouquet, *La Leçon de comédie*, Paris, Archimbaud, 2014, p. 66.
[97] C. Stanislavski, *La formation de l'acteur*, Paris, Payot & Rivages, 2001.

3. Valences sémantiques de la technique de jeu

il offre un exemple fréquent dans le cas des mises en scène avec des pièces de Caragiale :

> « On pourrait s'attendre à ce que la pièce qui a le plus de succès soit aussi la plus brillante, mais il n'en est rien. Dans chaque capitale, il y a chaque année une pièce qui n'a de succès que parce qu'elle est ennuyeuse... Il s'ensuit qu'une bonne dose d'ennui sert de garantie au spectacle[98]. »

Le problème de la qualité des pièces de Caragiale d'un point de vue littéraire n'est pas soulevé ici, car la réponse va de soi, mais j'étais particulièrement intéressée par la manière dont elles peuvent être transposées sur une scène. C'est pourquoi je l'ai étudié. Dans de nombreuses situations, l'acteur, rendu « ivre » par la réponse de l'auteur – une réponse si vive, pleine de verve et présentant une forme équilibrée –, a oublié de trouver la formule interprétative qui donnerait la chance à la réplique de trouver une place dans un contexte, dans une relation et avec une certaine intention.

On a dit à propos des personnages de Caragiale qu'ils ne communiquent pas entre eux[99]. Bien sûr, selon la manière dont ils ont été conçus, ils ne peuvent pas être capables de grandes effervescences émotionnelles les uns envers les autres, mais ils interagissent dans des circonstances communicatives : les personnages sont dans une situation de discours continu. Ils donnent l'impression que, pour agir, ils doivent se libérer en parlant. Du point de vue de l'art de l'acteur, on agit tout au contraire. On a d'abord l'intention-pensée (et l'action), puis vient la réplique. Il serait intéressant d'expérimenter cette variante comme une idée directrice tout au long de la construction d'un personnage de Caragiale, car le résultat final pourrait avoir un grand effet. « Pour découvrir la scène, il faut la jouer en improvisant, de manière dynamique et active[100]. »

Vu que les personnages de Caragiale n'ont pas une vie intérieure complexe et qu'ils ne font qu'esquisser des attitudes, on serait tenté de croire que les relations entre eux sont également superficielles. Mais l'idée est risquée. Constatons-le dans une situation telle que celle de l'Acte II, Scène 2 de *Nopții furtunoase* [*La nuit orageuse*] :

> « RICA, *effrayé* : Me tuer !

---

[98] P. Brook, *op. cit.*, p. 27.
[99] M. Iorgulescu, *op. cit.*, p. 91.
[100] P. Brook, *op. cit.*, p. 76.

> Véta : Avant-hier soir, vous l'avez échappé belle... si les chiens ne vous avaient pas barré la route... mon mari avait déjà réveillé Kiriak.
>
> Rica : Kiriak !...
>
> Véta : Oui Kiriak, notre employé... ils sont sortis tous les deux, l'un par la petite porte de derrière, l'autre par-devant, pour vous prendre au piège. Kiriak avait même pris le pistolet !... Madame, vous vous êtes enfuie à temps.
>
> Rica, *inquiet*. Le pistolet !... Madame, j'ai l'honneur de vous prier de vouloir bien me permettre d'urgence de déguerpir... »[101].

On voit dans cette scène deux personnages profondément impliqués. Les héros communiquent verbalement, mais l'acteur peut ajouter au personnage qu'il joue un « bagage » non verbal et, ainsi, la relation entre les partenaires s'enrichit, acquérant des nuances inattendues, qui peuvent devenir surprenantes pour tous ceux qui sont impliqués dans le geste artistique. On inclut ici le mouvement, les gestes, la mimique, voire la pantomime.

Avant d'exprimer toutes les nuances d'une vie presque subconsciente, il est impératif d'avoir et de maîtriser un appareil physique et vocal très sensible et bien éduqué[102]. En effet, ces héros crient et s'agitent dans la même mesure. Pour faire face à ce type de tempérament, l'acteur doit, à son tour, être doué gestuellement et vocalement et, de plus, il doit cultiver et maintenir une « hygiène » permanente de ce point de vue. Le contraire est éloquent d'après les témoignages du théoricien russe : à l'aide de grimaces, d'artifices, de voix et de gestes, ces héros n'offrent au public qu'un masque inanimé, vide de sentiments. Pour cela, ils ont inventé de nombreux effets conventionnels qui prétendent représenter toutes sortes de sentiments, par des moyens externes. Certains de ces clichés sont devenus traditionnels et se transmettent de génération en génération, comme tendre la main du cœur pour exprimer son amour ou ouvrir la bouche pour voir qu'on va mourir[103].

On peut invoquer le fait que le théoricien russe soutenait ses points de vue à la fin du XIXe siècle et que, donc, l'exemple présenté serait devenu obsolète. La réalité prouve toutefois l'actualité de ses observations.

---

[101] I. L. Caragiale, *Théâtre*, Paris, L'Arche, 1994, p. 43.
[102] Cf. C. Stanislavski, *op. cit.*, p 28.
[103] Cf. *ibidem*.

3. Valences sémantiques de la technique de jeu

Une alternative est proposée dans le théâtre roumain par des metteurs en scène tels que Sică Alexandrescu et, après lui, Liviu Ciulei ou Lucian Pintilie, qui ont trouvé, au XXe siècle, la possibilité d'accorder les éléments de l'art dramatique aux besoins de la scène et au potentiel artistique des acteurs : « Liviu Ciulei accepte résolument, sans préjugé et avec une intuition artistique exceptionnelle, les données fondamentales du spectacle de Sică Alexandrescu, afin de les interpréter dans son travail du point de vue de l'exégète contemporain, ce qui permet l'objectivité et la distance critique, cela représentant le principal mérite de sa *O scrisoare pierdută* [*Une lettre perdue*][104]. » Le spectacle s'est avéré être « une œuvre de virtuosité de la mise en scène et du jeu [...] digne et capable d'affronter le temps, une œuvre qui perpétue la grande tradition du théâtre roumain »[105].

Un élément majeur qui a distingué les spectacles *O scrisoare pierdută* [*Une lettre perdue*], mis en scène par Liviu Ciulei, et *D-ale carnavalului* [*Scènes de carnaval*], mis en scène par Lucian Pintilie, a été l'atmosphère de ces créations artistiques, où, en plus de la vision du metteur en scène toujours indiscutable et en plus de sa maîtrise du jeu, *quelque chose* a donné vie à l'œuvre dramatique sous une forme si authentique que l'on pénètre aujourd'hui des fragments de l'esprit de Caragiale à partir même d'un enregistrement télévisé de ces créations de marque. De cette manière, à travers des instruments modernes, les créations théâtrales, prédestinées à une existence éphémère par leur nature[106], peuvent être préservées et constituer une ressource de recherche de la tradition scénique roumaine, à travers une pléiade de modèles qui nous permettent de distinguer les valeurs, provoquant à la fois notre contestation et notre admiration.

Michael Chekhov remarque et souligne dans son travail l'importance de créer l'atmosphère, adressant aux acteurs des conseils sur l'état d'esprit qui s'est dégagé pendant la pièce et son influence sur leur propre jeu, mais aussi sur le public, en soulignant l'importance de l'art de l'acteur :

---

[104] Cf. V. Silvestru, *Elemente de caragialeologie*, București, Eminescu, 1979, p. 161. Cette citation est traduite par Elena Isabelle Tamba.
[105] *Ibidem*. Cette citation est traduite par Elena Isabelle Tamba.
[106] Peter Brook décrit cette situation particulière de l'art théâtral : « Ce qui distingue le théâtre de tous les autres arts, c'est avant tout qu'il n'existe que par intermittence. Il est pourtant facile aux critiques d'appliquer – presque par la force de l'habitude – des normes permanentes et des règles générales à ce phénomène éphémère » (P. Brook, *op. cit.*, p. 167).

« Avez-vous quelquefois remarqué comment vous transformez inconsciemment vos gestes, votre voix, votre comportement, vos pensées, vos sentiments dès que vous vous laissez prendre par une atmosphère contagieuse, et combien son influence devient plus forte si vous vous y abandonnez volontairement ? Les acteurs qui ressentent l'atmosphère d'un spectacle savent bien quel genre de liens elle peut établir entre eux et le public. Un courant se crée entre la salle et la scène, ce qui confère au spectacle une qualité particulière[107]. »

La conclusion que l'on peut tirer de cette affirmation et du chapitre dont elle fait partie est que le travail de l'acteur, pour atteindre la performance, passe par des processus complexes, qui demandent à l'artiste du talent, de la passion, du courage.

J'ajouterai plus particulièrement que, pour l'interprétation scénique d'un personnage de Caragiale, l'acteur a besoin, en plus des qualités mentionnées ci-dessus, également de grâce. Sinon, comment pourrait-il s'élever au niveau de certaines œuvres dramatiques exceptionnelles ? Eugène Ionesco, le créateur du théâtre de l'absurde, saisit précisément les qualités propres au langage des pièces de celui qu'il considère comme un maître, les germes forts de la nouvelle catégorie esthétique : « L'écart qu'il y a entre un langage aussi obscur qu'élevé et la ruse mesquine des personnages, leur politesse cérémonieuse et leur malhonnêteté foncière, les adultères grotesques se mêlant à tout ceci, font que finalement ce théâtre, allant au-delà du naturalisme, devient absurdement fantastique », pour que la critique de la société vue d'une manière monstrueuse obtienne une « férocité inouïe »[108].

Sur l'art de l'acteur : Caragiale face aux théoriciens du théâtre européen

Caragiale, l'homme du théâtre total, comme l'ont appelé ses exégètes, était la personne la plus appropriée pour écrire sur l'art de l'acteur et sur la technique du jeu, même s'il l'a fait avec une fausse modestie. En effet, sa biographie et sa création théâtrale soutiennent sa démarche théorique. Cela est soutenu par les œuvres dramatiques qu'il a écrites, son activité de directeur de théâtre, sa préoccupation pour la mise en scène, la chronique dramatique et

---

[107] M. Chekhov, *op. cit.*, p. 74.
[108] E. Ionesco, *op. cit.*, p. 120.

l'histoire de la littérature dramatique roumaine et peut-être l'intuition du génie confrontée à la vie qu'il aimait le plus : le théâtre. Le dramaturge effectuait souvent lui-même la métamorphose du personnage en « personne », l'instinct mimétique était pour lui « l'instinct de métamorphose » répété, car toujours d'autres visages étaient « repris » par la même personne : Caragiale « jouait » pendant les répétitions, comme on sait, tous ses rôles, devenant, à son tour, chacun de ces personnages, avec une précision inégalée, étant, en fait, le plus important « metteur en scène » de ses propres créations[109], fait également prouvé par les didascalies explicites concernant la manière d'interpréter et l'évolution des personnages.

Je trouve important et utile, à ce propos, de mener une comparaison de la vision de Caragiale sur l'art de l'acteur avec celle des théoriciens européens. Tout d'abord, il ne faut pas oublier que, pour Ion Luca Caragiale, le théâtre est synonyme de spectacle. Une pièce de théâtre peut être intéressante d'un point de vue littéraire, mais elle ne prouvera sa vraie mesure que lorsqu'elle sera mise en scène. De ce fait, le rôle donné au jeu des acteurs est considéré comme essentiel : « Par conséquent, dans le théâtre, l'art de la représentation a une importance encore plus grande, car leurs matériaux de construction sont des âmes humaines spéciales, et non des pierres et du bois[110]. »

Le dramaturge parle de l'art de l'acteur comme d'un art de la représentation. Plus tard, il y ajoute l'équilibre et la puissance de la construction du personnage. Je remarque également ici la voix du metteur en scène Caragiale, qui propose une vision claire de l'art interprétatif. De la multitude de qualités dont l'acteur a besoin – mobilité physique et intellectuelle, persévérance, intelligence créatrice –, deux fonctions élémentaires émergent : la condition physique et la condition spirituelle, ou la condition de l'âme. « Il est vrai, l'acteur est un instrument, dont l'instrument est à l'intérieur : son esprit, son âme. L'instrument de l'artiste, c'est là que réside le gros problème[111]. » En ce qui concerne la première déclaration, Antonin Artaud ira plus loin en faisant une déclaration intéressante : Dans chaque être humain, il y a trois principes connus des anciens alchimistes : le corps, l'âme et l'esprit à atteindre. En combinant des harmonies, on tentera d'éveiller une sensibilité qui n'est pas perdue,

---

[109] I. Constantinescu, *op. cit.*, p. 31.
[110] I. L. Caragiale, *Ceva despre teatru*, dans *Opere*, vol. III, ediție îngrijită de Paul Zarifopol și Șerban Cioculescu, București, 1942, p. 295. Cette citation est traduite par Elena Isabelle Tamba.
[111] *Ibidem*, p. 278. Cette citation est traduite par Elena Isabelle Tamba.

mais qui semble être isolée par une infinité d'obstacles[112]. Ces deux théoriciens font des réflexions sur des acteurs professionnels qui, d'après Artaud, se sont gardés « purs » ou qui sont capables de « la sincérité de la sincérité », selon Caragiale.

Ce dernier demande à l'acteur de la verve, de l'enthousiasme, du talent et du « sentiment dramatique », qu'il explique : il n'a pas besoin d'être honnête ; il ne doit pas avoir la sincérité proprement dite, mais la sincérité de la sincérité ; l'artiste ne doit pas sentir lui-même, il n'a même pas besoin d'avoir... le sentiment du sentiment[113]. Michael Chekhov parle quant à lui de la triple action de la conscience et se réfère au moi quotidien – celui-ci étant l'état « naturel » de l'acteur, le « moi supérieur » –, une sorte de sentiment du sentiment. « C'est lui qui va diriger votre corps, le rendant sensible et docile à toutes ses impulsions créatrices. Il va parler avec votre voix, éveiller votre imagination et stimuler votre activité intérieure. Il vous inspirera des sentiments vrais et tiendra en éveil votre sens de l'improvisation, vous rendant inventif et original[114]. »

La troisième conscience est la conscience du personnage. Le personnage apparaît lorsque le « moi supérieur » est libéré des sentiments ordinaires, communs. Relativement indépendant à la fois par rapport au « moi quotidien » et à la conscience du personnage, le « moi supérieur » possède un champ assez large lui permettant d'occuper en même temps les deux côtés de la rampe. Ainsi, l'acteur, le créateur du personnage, devient à la fois son propre spectateur et « une partie de sa conscience descend dans la salle, partage les émotions du public, son enthousiasme, ses déceptions. Mieux encore, elle sait prévoir les réactions du public, elle devine ce qui lui plaira, ce qui le passionnera, et ce qui le laissera indifférent »[115].

Les acteurs qui atteignent ce dédoublement pensent qu'ils s'en servent moins pour détecter les goûts du public, mais plutôt pour enrichir, perfectionner et nuancer leur interprétation. Ce que je veux souligner ici, c'est que si l'acteur, au moment de la création, se concentre davantage sur les désirs du public que sur les « besoins » scéniques du personnage, cela conduira à l'échec. D'autre part, l'art

---

[112] Cf. A. Artaud, *Teatrul și dublul său urmat de Teatrul lui Séraphim și de Alte texte despre teatru*, dans românește de Voichița Sasu și Diana Tihu-Suciu, postfață și selecția textelor de Ion Vartic, ediție îngrijită de Marian Papahagi, Cluj-Napoca, Echinox, 1997, p. 154.

[113] Cf. *ibidem*.

[114] M. Chekhov, *op. cit.*, p. 127.

[115] *Ibidem*, p. 131.

3. Valences sémantiques de la technique de jeu

de l'acteur consiste à être conscient du chemin parcouru par l'artiste dramatique dans l'interprétation d'un rôle, un chemin qui ne changera pas selon les préférences du spectateur, car, sinon, l'acteur ne serait plus qualifié de professionnel, mais d'amateur, et peut-être même pas.

On a donc affaire à une contradiction, lorsque le dramaturge roumain demande aux interprètes de « ressentir le sentiment », mais d'être aussi comme « possédés » :

> « Un théâtre que j'aime [...] doit être vivant, chaud, passionné ! Brûler la vie d'ici jusqu'en haut, au fond de la galerie ; les acteurs... quand ils montent sur scène doivent être possédés, ils doivent avoir un démon en eux ; à travers les yeux, à travers les sourcils, à travers la bouche, à travers le bout des doigts, à travers tous les pores, pour sortir ce démon et le souffler vers moi. Ils ne doivent pas même un instant laisser le public se ressaisir, réaliser ce qu'ils veulent de lui ; ils doivent le prendre vite ; le secouer, lui donner le vertige, le charmer, le rendre fou – je ne sais plus comment le dire ! »[116].

Le fait d'être « possédé », dont parle le dramaturge, est également valable dans le jeu des acteurs d'aujourd'hui. Il correspond à ce que l'on appelle *charisme*. Fait intéressant, d'autres théoriciens ont également jugé nécessaire pour l'acteur d'attirer tous les regards, toute l'attention, lorsqu'il évolue sur scène. Peter Brook demande de l'éclat, de la présence, de la vie, sinon le public s'ennuie.

Celui qui, sur ce point, se rapproche le plus, jusqu'à l'identification, de l'opinion de Caragiale, est, comme l'observe Ion Vartic, Antonin Artaud, selon lequel l'action de l'acteur sur le spectateur doit s'apparenter à une véritable « manipulation organique de type magique. C'est exactement ce qui se passe dans le "théâtre brûlant" de Caragiale, un impact absolument violent entre la sensibilité agressivement manifestée de l'acteur et la sensibilité violée du spectateur ; un contact qui se fait des sens aux sens, secouant simplement à la fois l'acteur et le spectateur »[117].

La combinaison des deux termes « le sentiment du sentiment » et « le fait d'être possédé » de l'acteur peut être considérée à pre-

---

[116] I. L. Caragiale, *Opere*, vol. V, ediție îngrijită de Șerban Cioculescu, București, Fundația pentru Literatură și Artă, 1938, p. 305. Cette citation est traduite par Elena Isabelle Tamba.

[117] I. Vartic, *Postfață* la Antonin Artaud, *op. cit.*, p. 203. Cette citation est traduite par Elena Isabelle Tamba.

mière vue comme un non-sens, parce qu'ils sont contradictoires et ne semblent pas mener l'interprète sur un chemin sûr.

Les créateurs de spectacles du début de la septième décennie du siècle dernier, comme Julian Beck et Judith Malina, du Living Theatre de New York, ou Jerzy Grotowski, avec son *théâtre pauvre*, ont la même impulsion presque violente, de réaliser une capture totale du public, soumis à une avalanche d'éléments qui s'adressent à la fois à l'esprit et aux sens :

> « Partout dans le monde, il y a une réaction explosive des gens de théâtre qui luttent pour imposer sur la scène des conventions théâtrales et des dominantes visuelles, créant la poésie des images et des sons, des métaphores destinées à une perception sensorielle complète[118]. »

Et pourtant le « sentiment du sentiment », compris à travers le prisme de Chekhov comme le « moi supérieur » – le niveau auquel l'acteur a la liberté intérieure de libérer son imagination, d'improviser, de manifester son originalité et son inventivité – le rend charismatique, plein de vie, brillant dans le rôle qu'il joue. Selon les observations des chroniques de Caragiale, il semble qu'il y ait eu à son époque des acteurs qui ont atteint le niveau de ses exigences et qui ont réussi à combiner les deux. Mis à part Matei Millo, pour qui il a eu une admiration totale, Caragiale éprouve les mêmes sentiments pour Grigore Manolescu et Ion Brezeanu :

> « Jetez un œil à Naé Ipingescó, le sérieux sous-commissaire de *Noaptea furtunoasă* [*Une nuit orageuse*], avec quel tact et discrétion il sait cultiver l'amitié du citoyen Titircă et l'estime de toute sa famille ! Avec quelle ardeur il clarifie à son ami les bienfaits du suffrage universel, attendu par le jeune Rica Venturiano ! […] Il acquiert la même ferveur à travers l'interprétation de Brezeanu et le type outrageusement trivial du Citoyen ivre de *Scrisoarea pierdută* [*Une lettre perdue*]. Notre artiste s'affirme ici aussi comme un talent d'élite, confirmant une fois de plus le précepte classique que même un monstre laid, rendu par l'art, doit être aimé[119] ».

La lucidité artistique de Caragiale va jusqu'à poser la question de la dramaturgie et de sa représentation du point de vue de l'homme de scène et non de celui de la valeur du dramaturge. « Choisissez les pièces avec lesquelles vous pouvez mieux vous produire et n'hé-

---

[118] I. Berlogea, *op. cit.*, p. 117. Cette citation est traduite par Elena Isabelle Tamba.

[119] I. L. Caragiale, *Opere*, vol. III, ediție îngrijită de Paul Zarifopol, editura « Cultura națională », 1932, p. 187. Cette citation est traduite par Elena Isabelle Tamba.

sitez pas un instant : jetez un drame merveilleux que vous ne pouvez pas interpréter d'une manière au moins convenable et préférez une farce faible que vous pouvez exécuter admirablement[120]. » L'affirmation n'est pas surprenante, lorsque Caragiale a explicitement plaidé pour la représentation, en quoi consiste sa générosité envers l'acteur virtuel.

Dans *Ceva despre teatru* [*Quelque chose sur le théâtre*], Caragiale encourage les acteurs à subordonner le texte dramatique à leurs possibilités et à leur talent d'interprétation. La représentation théâtrale a priorité sur le « but » du dramaturge. Cependant, Peter Brook et Antonin Artaud se montrent plus véhéments à cet égard. Le premier souligne la liberté du créateur dans le théâtre, à la fois acteur et metteur en scène, et non le texte dramatique. Quant à l'initiateur du « théâtre de la cruauté », celui-ci considère que : « Les chefs-d'œuvre du passé sont bons pour le passé : ils ne sont pas bons pour nous. Nous avons le droit de dire ce qui a été dit et même ce qui n'a pas été dit d'une façon qui nous appartienne, qui soit immédiate, directe, qui réponde aux façons de sentir actuelles, et que tout le monde comprendra[121]. » Artaud semble avoir également donné la définition du théâtre de Caragiale, qui est le credo théâtral du dramaturge roumain. Puis il ajoute : « C'est-à-dire qu'au lieu d'en revenir à des textes considérés comme définitifs et sacrés en quelque sorte, il importe avant tout de rompre l'assujettissement du théâtre au texte et de retrouver la notion d'une sorte de langage unique à mi-chemin entre le geste et la pensée[122]. » L'interdépendance qu'on sera enclin à soupçonner entre un théâtre de qualité et une pièce bien écrite, cependant, incite Caragiale à distinguer « le théâtre dans lequel les acteurs jouent bien, c'est-à-dire le vrai théâtre, et celui dans lequel les bonnes pièces sont jouées »[123].

Un jeu performant des acteurs, tel qu'il résulte de tout ce qu'on a présenté jusqu'ici, implique également la création et le support d'un rythme du jeu, tout comme dans l'interprétation d'un morceau de musique : « Le rythme – c'est l'essence du style ! »[124].

---

[120] *Ibidem*, p. 294. Cette citation est traduite par Elena Isabelle Tamba.
[121] A. Artaud, *Le théâtre et son double*, Paris, Gallimard, 2005, p. 115.
[122] *Ibidem*, p 138.
[123] I. L. Caragiale, *op. cit.*, p. 294. Cette citation est traduite par Elena Isabelle Tamba.
[124] *Ibidem*, p. 68.

Le dramaturge considère cet élément comme important dans la réalisation artistique, en particulier dans le spectacle de théâtre, avec toutes les rigueurs techniques et artistiques qu'il implique, ainsi que dans l'écriture dramatique. Si Ion Luca Caragiale considère le rythme comme une partie essentielle d'une construction qui mène à l'équilibre, à l'harmonie, Artaud lui donne des valences supplémentaires, en l'utilisant comme un moyen de « manipulation organique », ayant la même fonction qu'il donne à tout son système théâtral :

> « Le chevauchement des images et des mouvements aboutira, par des collusions d'objets, de silences, de cris et de rythmes, à la création d'un véritable langage physique à base de signes et non plus de mots. Car il faut entendre que, dans cette quantité de mouvements et d'images pris dans un temps donné, nous faisons intervenir aussi bien le silence et le rythme qu'une certaine vibration et une certaine agitation matérielle, composée d'objets et de gestes réellement faits et réellement utilisés[125]. »

J'en retiens que, dans la conception des deux théoriciens, le rythme c'est la vie elle-même. Que l'on donne une impulsion rythmique à une image ou à un mouvement, ou que l'on donne des chances aux rythmes de coexister, le produit fini sera animé, enrichi et répondra mieux aux besoins du spectacle :

> « Beaucoup de gens ont tendance à oublier qu'il existe deux sortes de rythmes au théâtre : le rythme intérieur et le rythme extérieur. Le rythme intérieur peut être défini comme la succession, l'évolution plus ou moins rapide des idées, des images des sentiments, des impulsions, etc. Le rythme extérieur, lui, s'exprime par le déroulement plus ou moins vif des actes et des paroles[126]. »

La construction sémantique des personnages féminins

Pour l'interprétation du personnage de Zoé dans *O scrisoare pierdută* [*Une lettre perdue*], la comédienne et la professeure Tatiana Ionesi a proposé, dans son cours sur l'art de l'acteur, une vision moderne de ce rôle, modelant par conséquent les besoins du personnage selon les éléments de nouveauté. Il s'agissait en fait de changer

---

[125] A. Artaud, *op. cit.*, p. 100.
[126] M. Chekhov, *op. cit.*, p. 112.

et de mettre au jour le contexte social dans lequel se déroulent l'action et les relations entre les personnages.

Dans la scène 6 de l'acte II, le décor du salon a été abandonné et l'action a été déplacée dans un espace public – un jardin d'été, où, dans le contexte des événements, plusieurs personnages de Caragiale se rencontrent.

Zoé est une jeune femme d'affaires, sans scrupules, tenace, qui confond et gère les fils de l'action, avec lucidité. En argumentant la phrase : « Zoé, sois un homme ! », j'ai incarné la psychologie de la masculinité[127] d'une femme qui a atteint le sommet de sa carrière, désireuse de gagner à tout prix, un personnage pour qui le risque et le compromis sont de simples détails d'un plan bien établi. Pour Zoé, la féminité est un accessoire comportemental et stratégique, qu'elle maîtrise par nécessité, mais magistralement, et auquel elle fait appel lorsque ni la logique ni la capacité de soutenir des intrigues souterraines ne fonctionnent plus.

En ce qui concerne la technique de l'acteur, j'ai fait des exercices de mobilité corporelle de rapport à l'espace, des exercices de diction et des exercices d'impostation (paramétrage) de la voix. Zoé est le personnage qui se sent à l'aise dans n'importe quel espace, à tout moment de l'action dans laquelle elle évolue.

Dominante par sa présence même, elle est capable de transformer l'espace dans lequel elle agit avec une légèreté et un naturel rares. J'ai joué « la féminité en pantalon », tantôt avec des gestes amples et précis, tantôt avec des mouvements courts, d'une grande mobilité, recherchés, imitant les coquetteries féminines.

La parole, cependant, trahit sa pensée. La voix miellée, douce et à nuance viscérale révèle la férocité. Vu que les personnages de Caragiale s'expriment en torrents verbaux, j'ai alterné les exercices de résistance physique et ceux de respiration. J'ai travaillé techniquement sur les monologues que j'allais interpréter sur scène, mais aussi sur ceux qui n'appartenaient pas à ma partition, à l'idée de mieux assumer le discours de Caragiale.

J'ai construit séquentiellement la relation avec le partenaire de scène, parce que j'ai voulu jouer la communication-non-communi-

---

[127] La vision est similaire à celle de G. Călinescu à propos de Zoé, de *Domina bona*, dans l'esprit de ce que l'historien affirme de la masculinité des personnages féminins dans la littérature roumaine. Cf. G. Călinescu, *Pagini de estetică*, antologie, prefață, note și bibliografie de Doina Rodina Hanu, București, Albatros, 1990, p. 151 ș.u.

cation, à partir de l'idée que Zoé, avec une persévérance diabolique, essaie à chaque seconde de suivre son plan prédéterminé, et que le dialogue avec le partenaire Tipatesco est intéressant tant qu'il ne s'écarte pas des règles. J'ai suivi un demi-dédoublage entre lucidité et subjectivité ou irrationalité, généralement attribuée exclusivement à la féminité.

Le rôle de Zoé a été joué par de grandes actrices de la scène roumaine, ce qui rend encore plus difficile la première représentation sur scène d'une jeune étudiante. Je ne mentionne que quelques-unes de ces personnalités. La « première » Zoé fut, lors de la saison théâtrale 1884-1885, Aristizza Romanescu, secondée par Amelia Nottara, dans la mise en scène de C. I. Nottara, sur la scène du Théâtre national de Bucarest. Au Théâtre national de Iași, la pièce a été mise en scène pendant la même saison théâtrale, un mois plus tard, avec Elena Lașcu-Evolschi. Sous la direction de Paul Gusty, Maria Ciucurescu l'a jouée, à Bucarest, durant la saison théâtrale 1907-1908, et on la retrouve jouant le même rôle à Iași, pendant six ans lors de plusieurs saisons théâtrales aux théâtres nationaux des « deux » capitales.

Pendant la saison théâtrale suivante, à Iași, Victoria Vernescu a joué Zoé. Dans la saison 1922-1923, avec Aurel Athanasescu, Ion Manu, Ion Brezeanu, Maria Filotti apparaît, dans le rôle de la « première dame » du comté, doublée par Ecaterina Zimniceanu. En 1929, la première transmission de la pièce a eu lieu au Théâtre radiophonique, avec Maria Ciucurescu dans le rôle de Zoé.

À la veille de la Seconde Guerre mondiale, on retrouve Elvira Godeanu à Bucarest, et Eta Boeriu à Cluj (avril 1940), dans un théâtre étudiant, sous la direction de Liviu Rusu. Radu Stanca lui donnait la réplique.

Pendant la guerre, les représentations de *O scrisoare pierdută* [*Une lettre perdue*] continuent : à Bucarest, avec Maria Filotti ; à Iași, avec Eugenia Protopopescu ; à Craiova, avec Aurelia Teodorescu ; à Timișoara, avec Jeny Moruzan.

Après la guerre, pendant la saison théâtrale 1948-1949, Elvira Godeanu réapparaît, doublée par Aglae Metaxa, dans la célèbre distribution placée sous la direction de Sică Alexandrescu. Le spectacle est repris, célébrant 500 représentations depuis la première absolue, en octobre 1950, avec une distribution partiellement modifiée, Eugenia Zaharia jouant Zoé (qui l'avait également jouée en 1938, sous la direction de Vasile Enescu).

Le 29 janvier 1972, Rodica Tapalaga a joué un rôle spécial, en tandem avec Toma Caragiu dans le rôle de Tipatesco. La mise en scène et la scénographie appartenaient à Liviu Ciulei, au Théâtre « Lucia Sturza Bulandra ». J'ai eu la chance de revoir ce spectacle, qui a été immortalisé et conservé dans la cinémathèque de la Télévision roumaine. À Iași, en 1975, sous la direction d'Anca Ovanez, le rôle appartient à Liana Mărgineanu. En 1979, Liviu Ciulei reprend le spectacle, avec Mariana Mihuț et Victor Rebengiuc dans les rôles des deux amoureux[128]. Cette version a été filmée afin de comparer le jeu des deux actrices, ce qui s'avère très utile pour les jeunes étudiants dans le domaine de l'art de l'acteur.

Ayant toute cette histoire importante derrière lui, le jeune acteur en début de carrière se sent presque menotté. Afin de construire le rôle, j'ai dû « oublier » toute l'expérience (celle à laquelle j'avais accès via des enregistrements audio et vidéo, ou, avec certaines lacunes, des chroniques dramatiques des époques précédentes) liée à ce rôle et j'ai essayé d'incarner une autre Zoé, beaucoup plus forte et complètement cynique, construisant autrement le personnage créé par l'auteur et la pléiade de celles qui lui ont donné vie sur scène, sans trahir l'original.

Et parce que le personnage Mitza de *D-ale carnavalului* [*Scènes de carnaval*] a été interprété dans le même spectacle, la ligne de vision de l'auteur a été préservée, ainsi que le style de l'interprétation classique, considérant que les éléments de son caractère dynamique sont valables dans n'importe quel contexte. Mitza – une femme chic, avec des traits qui ne trahissent pas sa condition sociale (robe en soie, chaussures à talons hauts, etc.) – établit un rendez-vous avec Naé au Jardin d'été. Ici, selon son propre plan, elle veut défendre son amour trahi.

L'interprétation proposée par notre professeur était différente de celle d'acteurs célèbres : Mariana Mihuț, dans le film de Lucian Pintilie, *De ce trag clopotele, Mitică?* [*Pourquoi sonnent les cloches, Mitică?*] ; Gina Patrichi, sous la direction du même Lucian Pintilie et dans la scénographie de Liviu Ciulei et Giulio Tincu, au Théâtre Bulandra, lors de la saison théâtrale 1966-1968, spectacle également enregistré en vidéo. (Gina Patrichi avait également joué le rôle au Théâtre d'État de Galați, en 1957, sous la direction de Valeriu Moisescu.) Mitza a été joué aussi par Carmen Stănescu et Maria Voluntaru, sous la direction de Sică Alexandrescu au Théâtre natio-

---

[128] Cf. I. Cazaban, *op. cit.*, pp. 242-266.

nal de Bucarest en 1951. Pendant la guerre, la pièce a été mise en scène dans les théâtres de Bucarest et au théâtre de Cluj. Mitza a été interprétée en 1942 par Maria Voluntaru, sous la direction d'Ion Şahighian, et Marietta Deculescu et Fifi Mihailovici ont joué sous la direction scénique de Soare Z. Soare. À Iaşi, sous la direction de N. Massim, Elena Foca apparaît dans la distribution avec Miluţă Gheorghiu, Margareta Baciu, Constantin Cadeschi et d'autres, en 1940.

Parmi les interprètes précédentes, on mentionne également Frosa Sarandi (à la première de 1885), Eufrosina Momuleanu, Marietta Ionaşcu, Lucia Popescu, Nataşa Alexandra, Aurelia Vasiliu et Sereda Sorbul[129].

J'ai choisi la scène 9, du premier acte pour esquisser le personnage qui est en train de perdre son identité. Le désordre de l'âme, l'« ivresse », l'« ambition » de reconquérir Naé font de Mitza un être accablé par la situation, qui s'accroche à des « actions scéniques » qui pourraient lui redonner son équilibre intérieur. Dès son entrée en scène, le personnage a recours à toutes sortes de trucs pour se calmer : il boit de l'eau ou de l'alcool, il inhale et expire profondément, il guette dans les coins du Jardin de Naé, en un mot il se détend – de façon ridicule. C'est juste que l'entrée de l'amant dans la scène a intensifié encore plus la souffrance de la « traduction/tromperie ».

Dès le début, j'ai travaillé avec mon partenaire de jeu pour graduer l'intensité de la tension de la scène, considérant que c'était la clé du succès. J'ai eu en vue les nuances et la façon originale de dire les répliques. Ce personnage ayant été interprété maintes fois par bien des actrices importantes, j'ai essayé de garder à l'écart tout matériel écrit, audio ou vidéo qui aurait pu influencer mon interprétation scénique. Comme, à un certain moment, l'hystérie prend des formes exacerbées, qui tendent vers le grotesque, j'ai toujours eu à l'esprit la potentialisation progressive du jeu vers ce moment culminant.

Parce qu'elle ne maîtrise pas l'espace du jeu, bien qu'elle fasse des efforts en vain, les gestes désarticulés de la désespérée Mitza, brisés avant d'être achevés, peuvent facilement donner l'image d'une marionnette, se rapprochant, du point de vue de la signification, de la technique d'interprétation de ce personnage dans le théâtre de l'absurde, où les personnages sont déshumanisés, transformés en mannequins incomplets, portés par le non-sens vers la destruction.

---

[129] *Ibidem*, pp. 266-277.

Quelques remarques à la fin du chapitre

Dans l'art de l'acteur, les éléments les plus importants sont la capacité de transmettre le message souhaité au récepteur immédiat, au public. Les moyens par lesquels cela peut être fait sont limités. La manière dont ils sont combinés, transformés, métaphorisés détermine la sémantique de l'acte artistique.

À tous ces niveaux, les éléments de la technique de l'acteur – parole, posture, mouvement, geste, pantomime, mimique, grimace, costume et l'ensemble de ce moment de grâce du spectacle[130] bien reçu par le public – peut modeler d'une manière ou d'une autre le sens de la communication entre la scène et la salle.

Il est vrai que la même pièce, jouée plusieurs fois au cours d'une saison théâtrale ou même pendant plusieurs saisons, revêt, chaque fois, des nuances différentes, voire même des changements de scène ou de thème. Bien sûr, dans un spectacle réussi, le public ne suit plus la continuité des valences sémantiques de l'acte artistique, mais surtout les acteurs préférés, dans les rôles préférés, qui jouent une « histoire » bien connue.

Ce qui garantit l'originalité d'un spectacle réalisé d'après un texte consacré, c'est, comme on l'a montré dans la description de la manière d'interpréter les rôles de Zoé et Mitza, la modification des techniques de jeu pour que le sens du texte puisse être changé grâce à des nuances sémantiques inaperçues jusqu'ici, sans modifier l'essence du message original, dans une joie du jeu lucide.

---

[130] « La rencontre des acteurs, d'un théâtre, d'un public animés de la même vie mettait en valeur les moments les plus brillants de la pièce. Cela marchait à merveille. Le public participait pleinement. La représentation était un triomphe. Et pourtant, les acteurs étaient tous trop jeunes pour leurs rôles : on leur avait teint des mèches grises, qui ne convainquaient personne, et leur maquillage était trop voyant. Si, à cet instant même, ils avaient été transportés par magie dans un théâtre londonien, entourés d'un public londonien, ils n'auraient plus paru convaincants du tout. Cela ne veut pourtant pas dire que le niveau du théâtre et du public à Londres soit meilleur ou plus élevé que celui de la province. Ce serait plutôt le contraire... » (P. Brook, *op. cit.*, p. 168).

4.
Perspectives innovatrices d'acteur et de metteur en scène

À la fin du XIXe siècle, les premiers interprètes des pièces de Ion Luca Caragiale à se faire remarquer étaient des jeunes comédiens du même âge que le dramaturge. Parmi eux, Ana Dănescu, Mihail I. Mateescu, Nicolae Hagiescu, tous étudiants de Ștefan Vellescu au Conservatorul de muzică și declamație din București [Conservatoire de musique et de déclamation de Bucarest]. Les comédies de Caragiale ont bénéficié, dès le début, de l'apport créatif des professionnels. Ainsi, lors de la saison théâtrale 1878-1879, la pièce *O noapte furtunoasă* [*Une nuit orageuse*] a été mise en scène au Théâtre national, dans une distribution où figuraient entre autres Ana Dănescu (Véta), Ștefan Iulian (Ipingesco), Aristizza Romanescu (Spiridon), Mihail Mateescu (Rica Venturiano), Ana Popescu (Zitza). Bien que la pièce ait provoqué un grand scandale et ait été retirée de l'affiche immédiatement après la première, c'est alors qu'une nouvelle esthétique de l'art de l'acteur s'est imposée, dans laquelle le comédien ne joue plus de rôles en fonction du type humain qu'il représente, mais il met l'accent sur *la vie intérieure* du personnage joué et sur les moyens d'expression artistique : voix, mimique, geste.

En 1880 a été enregistrée la mise en scène de la pièce *Conu' Leonida față cu reacțiunea* [*M'sieu Léonida face à la réaction*] au jardin « Rașca », sous la direction de C. I. Nottara, avec Nicolae Hagiescu (Léonida) et Mihail Mateescu (Efimitza) dans la distribution. Le travesti était réussi, mais la pièce, comme la précédente, n'a pas été aimée par le public.

En 1884, *O scrisoare pierdută* [*Une lettre perdue*] a été mis en scène au Théâtre national, sous la direction de C. I. Nottara, étroitement supervisé par Caragiale. Dans la distribution figuraient C. I. Nottara (Tipatesco), Ştefan Iulian (Pristanda), Mihail Mateescu (Le citoyen ivre), Aristizza Romanescu (Zoé). Les chroniques, superficielles, furent défavorables, Ollănescu-Ascanio étant le seul à avoir beaucoup parlé du spectacle, appréciant particulièrement l'interprétation du rôle de Zoé par Aristizza Romanescu. La première interprète était Amelia Nottara, ce qui suggérait parfaitement l'agitation intérieure de l'héroïne et la domination exercée sur l'univers entier de la pièce. Un détail d'une importance plus qu'anecdotique : après chaque acte, le ton des applaudissements était donné par la reine Elizabeth elle-même, dans la loge centrale.

Toujours en 1884, la pièce a été mise en scène à Iaşi, sous la direction de Petre Missir, metteur en scène occasionnel, avec la permission de l'auteur. Zoé était représentées par Elena Laşcu-Evolschi.

O noapte furtunoasă [*Une nuit orageuse*] a vu les lumières de la rampe en décembre 1884 à Craiova ; cinq ans plus tard, elle y a été de nouveau représentée, avec Ion Anestin, Maria Petrescu, Profira Fărcăşanu, Costache Petrescu et d'autres.

En 1885, Ollănescu-Ascanio critiqua de manière véhémente une nouvelle production roumaine. Si les précédentes productions des pièces de Caragiale n'avaient pas connu le succès auprès du public, les récentes représentations furent un véritable fiasco : « Quelques prises de cheveux, quelques coups de poing, des claques, des coups de pied, des costumes changés à temps pour produire un *quiproquo*, une apparition improbable de l'inévitable flic (Pulcinella des pièces de Caragiale) ». Il s'agissait des pièces *D-ale carnavalului* [*Scènes de carnaval*] et *Bărbierul diplomat*, mises en scène au Théâtre national, sous la direction de C. I. Nottara, avec C. I. Nottara (Naé Girimea), Ştefan Iulian (Pampon), Amelia Welner-Nottara (Didina Mazu) et Frosa Sarandi (Mitza Baston). Le critique ne mettait pas seulement en cause le sujet de la pièce – qui plaçait les personnages dans la banlieue de Bucarest, et dont il présentait les tares – mais aussi des aspects (disons) *techniques*, comme rapporté par Paul Gusty : les répétitions avaient été faites à la lumière du gaz de ville, alors que la lumière électrique de la première exigeait une nouvelle manière de mise en scène, un groupement différent des personnages, l'utilisation d'une surface plus large de la scène et même un changement de la manière d'interprétation. Les détails sont éloquents pour comprendre, à l'époque de Caragiale, la précarité de notions telles que « l'art de l'acteur » ou « la mise en scène ».

D-ale carnavalului [*Scènes de carnaval*] est aussi mis en scène à Iași en 1885 avec, dans le rôle des deux rivales, Tudora Marinescu (Mitza) et Eugenia Procopiu (Didina).

Caragiale – metteur en scène

Même si au niveau européen les prémisses de la fonction de metteur en scène de spectacle ne peuvent être qu'entraperçues, on constate qu'à travers les productions mises au point par Caragiale, la pratique théâtrale a fortement évolué en Roumanie. Des *Mémoires* de Nottara, qui a mis en scène, avec Paul Gusty, toutes les comédies du dramaturge, on a conservé des témoignages sur le metteur en scène Ion Luca Caragiale. Pour *O scrisoare pierdută* [*Une lettre perdue*], l'auteur était dans la salle et « chaque acteur a créé le personnage comme l'auteur lui a montré qu'il le voyait ». Caragiale ne se limitait pas aux indications théoriques, mais montait sur scène et guidait l'acteur en ce qui concerne les gestes et le ton, dans le sens qu'il voulait donner au personnage qu'il avait créé. Il était très intéressé par le comique de situation et de langage, étant aussi concerné par la manière « naturelle » dont les acteurs interprétaient. À l'époque, ils sont devenus des *marques distinctives* du style de Caragiale, si bien que la génération qui a bénéficié des mises en scène du dramaturge a été prise pour modèle par celles qui l'ont suivie.

Caragiale a été également présent à la première mise en scène de *O scrisoare pierdută* [*Une lettre perdue*] à Iași. Selon lui, le théâtre devait être considéré comme « un art indépendant, qui [...] doit mettre à son service tous les autres arts, sans accorder aucun droit à l'égalité sur son propre territoire ». Dans sa conception, le théâtre était comme l'art total, dont l'art de l'acteur, la mise en scène et la scénographie faisaient partie intégrante. Quant à l'*art de l'acteur*, il estimait important d'« orchestrer les acteurs » sur scène, c'est-à-dire d'être attentif au jeu unitaire au profit de l'ensemble, à travers l'expressivité de la scène, à travers la manière dont ils évoluent sur scène.

Quelques règles de mise en scène

Le début du XXe siècle a introduit, du point de vue artistique, le développement du théâtre d'Antoine, avec des conséquences sur la manière de jouer et la vision du metteur en scène.

Quant au théâtre de Caragiale, cette période a vu se constituer un art du spectacle de Caragiale et la spécification de quelques critères d'interprétation. Dans les années suivantes, Ion Brezeanu (Le citoyen ivre), Elena Levanda (Zoé), Maria Ciucurescu (Véta) et d'autres se sont fait remarquer par l'originalité de leurs interprétations, dans différentes productions. La tradition d'interpréter selon la manière requise par l'auteur Caragiale a été respectée par ses metteurs en scène C. I. Nottara et Paul Gusty. Elle fut préservée et renforcée dans les premières décennies du siècle dernier. En ce qui concerne le style scénique propre à la représentation du répertoire de Caragiale dans la période de l'entre-deux-guerres, il faut rappeler l'existence d'un modèle d'interprétation autorisé par le dramaturge et évoquer la tradition du jeu mémorable de certains acteurs, en termes de concordance avec le rôle, d'adéquation du geste, de l'énoncé et de la tonalité à la réplique et au personnage, de l'improvisation.

Dans le même temps, plusieurs critères scéniques nécessaires à l'interprétation de la dramaturgie de Caragiale se sont imposés, à savoir :
- le caractère naturel du jeu comique ;
- « la vérité de l'image de l'acteur », vue comme une modalité de rendre en scène des réalités socio-politiques autochtones ;
- la verve du jeu de l'acteur, qui anime le comportement sur la scène (par exemple : Maria Ciucurescu et Aristizza Romanescu, les deux interprètes qui ont incarné Zoé d'une manière exemplaire de ce point de vue).

La période 1919-1944

Les années 1919-1944 ont connu une oscillation entre tradition et modernité. Pendant cette période de « passage du relais », l'ancienne génération de « titulaires » est progressivement remplacée ou doublée par les jeunes espoirs du théâtre roumain. On leur demande à la fois de préserver l'atmosphère de l'époque et de maintenir le caractère des personnages ; inévitablement, tout cela ne vient qu'après le trac et l'insécurité de la première interprétation, souvent dépassés en écoutant des suggestions précieuses ou en recherchant leurs propres contributions au portrait des personnages.

Jusqu'en 1930, il y eut aussi des spectacles ratés, où la scénographie des pièces de Caragiale souffrit de négligences et d'inexactitudes, compte tenu du fait que le temps d'action et les costumes d'une pièce de théâtre comme *O scrisoare pierdută* [*Une lettre perdue*] étaient bien connus à l'époque.

Afin de mieux comprendre ce que l'on entendait à l'époque par « l'innovation des metteurs en scène », l'exemple suivant est éloquent. Une mise en scène « respectueuse et prudente » est appréciée à l'aune de la vision scénique de Vasile Enescu en 1927 (on suivait la lignée de Paul Gusty, qui était fidèle à la direction de l'auteur) avec le spectacle *O scrisoare pierdută* [*Une lettre perdue*], mettant en vedette Elvira Godeanu (Zoé), Costache Antoniu (Pristanda) et d'autres. Le metteur en scène se bat pour préserver la tradition interprétative héritée de Caragiale (étant l'un de ceux qui ont assisté aux répétitions avec Paul Gusty et Caragiale). Camil Petrescu a souligné le fait que, d'habitude, les metteurs en scène ont exprimé, avant la première, leur attachement à la tradition, de sorte qu'après le spectacle ils seraient accusés d'« innovations » et, le plus souvent, d'ingérence de la « charge » – c'est-à-dire l'ajout par l'acteur de quelques détails comiques, « extérieurs », allant jusqu'à accentuer un profil caricatural. Tout cela résulte d'un « scandale » dans lequel on discute la manière dont les comédies de Caragiale doivent être transposées sur scène. Le point de vue naturaliste a été fortement soutenu, contre la dimension partisane du jeu « chargé », qui était pratiqué à cette époque-là.

Celui qui peut alors assumer son surnom d'« innovateur » est Sică Alexandrescu, qui met en scène, d'ailleurs, toutes les quatre comédies. Il fait sa première mise en scène avec *D-ale carnavalului* [*Scènes de carnaval*], en 1927, au jardin Marconi. Camil Petrescu note que les acteurs ont mis des accents là où il n'y en avait pas et que l'ambiance scénographique a été traitée avec humour. L'authenticité en soi n'était pas recherchée, comme elle ne le sera pas en 1937, dans la mise en scène de la pièce *O noapte furtunoasă* [*Une nuit orageuse*] au Théâtre *Comedia*, avec Ion Iancovescu (Rica Venturiano), Maria Filotti (Véta), Silvia Dumitrescu-Timică (Zitza). Ici, le metteur en scène a opté pour une solution intermédiaire, entre tradition et innovation, dans les limites du texte. Il a gardé son style tout en apportant un nouveau rythme et en produisant un éloignement quasi ironique du personnage interprété.

En 1934, dans un jardin d'été de Bucarest, *Noaptea…* [*Une nuit…*] a été joué dans un contexte politisée[131]. Spiridon – ici, multiplié ! – apparaît systématiquement persécuté par son maître, il ne supporte plus l'esclavage et se révolte, avec l'avantage d'être (grâce au metteur en scène) numériquement supérieur ; il va même jusqu'à fredonner l'*Internaționala* [l'*Internationale*]. Ce n'était qu'un premier pas… La même source affirme que la pièce a été jouée, dans des visions similaires, dans le camp de Grosolovo et dans la prison de Dumbrăveni.

Une mise en scène remarquable a été celle de V. I. Popa avec *D-ale carnavalului* [*Scènes de carnaval*] en 1940, réalisée à Teatrul *Muncă și voie bună* [Théâtre *Travail et bonne humeur*], où jouaient Nelli Caracioni (Didina Mazu), V. Vasilescu (Naé Girimea), Ion Manta Pampon), Sereda Sorbul (Mitza Baston). Le spectacle se distingue par son énergie débordante, ses changements de rythme, ses moments de « ralenti », ses performances comiques, ses accents musicaux à l'entrée des personnages sur scène, ses développements chorégraphiques. Le metteur en scène a opté pour le style *Commedia dell'arte*, avec maquillage, mimique et gestes augmentés. Tout le monde a salué la mise en scène de V. I. Popa comme un exemple de réussite artistique qui montrait qu'au-delà de ce que la tradition a établi, les recherches de la mise en scène dans l'univers de Caragiale peuvent donner des fruits.

En 1943, à Craiova, *Noaptea…* [*Une nuit…*] est desservie par une équipe qui comprend C. Țăpârdea, Iulian Popescu, Florica Nicolescu, Aurelia Theodorescu.

Les années 1945-1980

De tous les spectacles mis en scène par Sică Alexandrescu, *O scrisoare pierdută* [*Une lettre perdue*] se démarque clairement. Dans le spectacle de 1948, au Teatrul Național [Théâtre national] de Bucarest, on remarque le caractère organique, l'innovation pondérée de la représentation, qui est loin de la charge comique convenable et de la bouffonnerie. La mise en scène vise à mettre l'accent sur le côté psy-

---

[131] Cf. M. Andreescu, *Teatrul proletar în România*, București, Meridiane, 1988, p. 148.

chologique, ne se contentant pas de reprendre la tradition ; plus précisément, elle la développe de manière créative. Avec Radu Beligan (Rica Venturiano), Grigore Vasiliu Birlic (Agamitza Dandanaké), Alexandru Giugaru (Trahanaké), Ion Talianu (Mitza), Elvira Godeanu (Zoé), Marcel Anghelescu (Pristanda) dans la distribution, cette représentation constitue un intéressant « document social ». L'accent y est mis sur les actions scéniques et sur l'utilisation expressive de la parole. Les gestes, la mimique et les accessoires – des barbes, des favoris – proposent l'idée de « masque », d'image sociale représentative (comme le remarque Ion Cazaban dans l'ouvrage cité).

Le spectacle a fait carrière, de sorte que, sous la direction de Sică Alexandrescu, on assistera au passage de relais : après Ion Talianu, ce fut le tour de Niki Atanasiu, puis de Dem Rădulescu de jouer le rôle de Catzavenco. Dans l'interprétation de ce dernier, le personnage paraît toujours vexé, arrogant, infatué et ayant une excellente opinion de lui-même. En ce qui concerne le personnage de Zoé, après l'interprétation donnée par Elvira Godeanu, on assiste à la composition de Cella Dima, puis à celle assurée par Carmen Stănescu, avec plus de tempérament. Avec le personnage Dandanaké, tant Birlic que Beligan ont réalisé deux créations distinctes et complexes qui semblent donner lieu à deux personnages différents. On peut regretter qu'une atmosphère d'époque plausible n'ait pas été réalisée, qui aurait permis d'éviter l'air démodé de l'ensemble.

Sică Alexandrescu, dans *O noapte furtunoasă* [*Une nuit orageuse*] (1952), s'appuyait sur deux points clés : il a quitté Caragiale à son époque et a pu travailler avec l'équipe d'acteurs la plus brillante de l'histoire du théâtre roumain. Même les rôles secondaires ont été joués par des artistes de valeur !

C'est toujours Sică Alexandrescu qui réalise, pendant la même période, le film *O scrisoare pierdută* [*Une lettre perdue*] et son enregistrement radiophonique ; après avoir écouté des avis compétents, le metteur en scène a amélioré le spectacle en diversifiant et en approfondissant les moyens scéniques, l'accent étant mis, cette fois, sur l'expressivité de l'acteur d'une autre facture, plus dynamique et plus suggestive. Cependant, les critiques lui ont reproché les tendances auto-ironiques des personnages, les exagérations grotesques et le comique bouffe excessif. C'est peut-être là que se situe le moment du passage du théâtre du *vivre* et de *l'atmosphère* à celui des images scéniques stylisées, où une prédilection est accordée à la métaphore et à l'hyperbole, comme on le verra dans les créations scéniques de Lucian Pintilie et Liviu Ciulei.

À partir de 1955-1956, on assiste à un processus de « rethéâtralisation » du théâtre, auquel n'échappent pas les mises en scène des pièces de Caragiale. Plus précisément, les changements opérés renvoient à l'abandon des solutions naturalistes et orientent vers un théâtre d'*essentialisation* faisant appel à la suggestion et au symbole. Représentative en ce sens est la mise en scène de Radu Stanca de 1960, à Sibiu, avec *O scrisoare pierdută* [*Une lettre perdue*]. Le spectacle frappe par ses décors et les costumes en noir et blanc (l'idée a été reprise, après quatre décennies, sur la scène du Théâtre national de Bucarest). Le metteur en scène veut recréer un mode de vie, de penser, sans chercher des « taches de couleur » particulières mais en s'efforçant pourrait-on dire d'aller à l'essentiel. Il souligne la relation entre les personnages et leur disposition dans l'espace scénique. L'action est modernisée par l'utilisation presque ostentatoire des moyens techniques – l'un d'entre eux étant la scène tournante. Cependant, le metteur en scène se verra blâmé pour avoir retiré les personnages de leur paysage naturel, pour leur « dépaysement », ce qui a eu des conséquences négatives sur leur motivation intime.

Du point de vue des solutions scéniques, on évoque également la mise en scène de Ion Finteșteanu avec *O scrisoare pierdută* [*Une lettre perdue*] en 1961, à Studioul Casandra al Institutului de Artă Teatrală și Cinematografică din București [le Studio Casandra de l'Institut d'art théâtral et cinématographique de Bucarest]. Le professeur-metteur en scène choisit en tant que méthode de souligner la dominante typologique des héros (Tipatesco est le satrape, Le citoyen ivre – l'hésitant, Farfuridi – le fou infatué, etc.). Une solution scénique intéressante apparaît au moment de l'assemblée électorale, où les participants sont assis au premier rang de la salle. Les décors sont caricaturés, les costumes sont clownesques et l'ambiance y est burlesque. Jorj Voicu (Catzavenco) y apparaît très logique dans son discours, cursif, léger et encore plus comique. Dorina Lazăr (Zoé) joue le personnage le plus déterminé de la pièce, les moments de tendresse se dissipant très vite ; Marin Moraru (Dandanaké) n'est pas seulement un vieillard sénile, mais aussi un querelleur arrogant.

En ce qui concerne la pièce *D-ale carnavalului* [*Scènes de carnaval*], une nouvelle lecture de la mise en scène était nécessaire, étant donné que dès le début elle n'a pas trouvé la place qu'elle méritait, à côté des trois autres. Ainsi, à partir de 1962, Valeriu Moisescu (metteur en scène à l'époque à Galați) essaie plusieurs variantes avec cette pièce. Dans l'un des premiers spectacles, à Ploiești, on a pu clairement sentir la distance prise par le metteur en scène par rapport à l'époque de

Caragiale – les personnages apparaissent comme des fantoches du passé, avec un discours et un comportement affectés, des gestes exagérés, des actions pathétiques, un maquillage intense, comme des masques. À travers l'image ainsi créée, le spectacle se fait très proche du monde des marionnettes. Le décor – réalisé par un scénographe qui avait beaucoup travaillé pour le théâtre de marionnettes, Stefan Hablinski – est vivement coloré, réussissant à combiner le réalisme avec la stylisation caricaturale. Didina était Alexandra Polizu. Mitza (Vera Moisescu), au carnaval, était vêtue de… Medeea [Médée] !

Toujours en 1962, à Cluj-Napoca, Radu Stanca propose *D-ale carnavalului* [Scènes de carnaval] avec Rodica Daminescu (Mitza) et Ligia Moga (Didina). Cette mise en scène, qui a *le masque* comme pivot, utilise la bande sonore d'une façon amusante – les entrées d'Iordaké sont annoncées par une cloche précipitée, et celles de Girimea par… un chœur de rossignols !

La remarquable production de Lucian Pintilie au Théâtre Bulandra, en 1966, propose dans la distribution Octavian Cotescu (Girimea), Toma Caragiu (Pampon), Marin Moraru / Dumitru Furdui (Crăcănel), Gina Patrichi (Mitza Baston), Rodica Tapalagă (Didina), Ştefan Bănică (Iordaké). La scénographie est de Liviu Ciulei et Giulio Tincu. Cette représentation, qui équivaut à un tournant en *caragialeologie* (terme introduit par Valentin Silvestru), s'impose par les idées novatrices et l'air frais de la vision.

Lors des répétitions, le metteur en scène était convaincu qu'il voulait arriver à une « interprétation réaliste vraiment contemporaine », libérée des conventions et des schémas du passé. Il considérait que les moyens de représentation du réalisme théâtral ont évolué et se sont enrichis et qu'ils ne doivent pas revenir à la représentation sur scène des typologies, en reprenant le modèle laissé par Caragiale. L'idée de base est que les êtres qui vivent une vie misérable créent eux-mêmes l'illusion de l'enchantement. Pintilie construit un climat balkanique, mais aussi de banlieue, de la périphérie de Bucarest, contrastant fortement avec la vision idéalisée des mises en scène précédentes. Le spectacle comprend à la fois la danse *sârba* pendant le carnaval et la romance *Steluţa*, chantée à la fin, en signe de réconciliation, par tous les personnages.

Le décor est fait de désordre et de promiscuité. Il y a un tas d'objets sur la scène, qui apparaît dans un état précaire. Les planches en pente obligent les personnages à un mouvement continu sur scène, même le simple pas devient un acte dangereux. Les costumes sont également disposés ridiculement sur les acteurs, suggérant une texture de mauvaise qualité et une coupe dilettante.

Dans l'énonciation des répliques apparaissent des accents erronés, adoptant par exemple une façon de formuler et de pointer typique de la banlieue, avec des ajournements et des moments de précipitation. La scène est constamment peuplée de personnages et d'actions variés, dans un va-et-vient continu. Les acteurs sont tous très concentrés sur les histoires qui les impliquent, leur donnant une importance maximale. Inutile de dire que les héros vivent dans le *vide* de l'âme, exprimant une sensation de libération d'une plénitude et d'une énergie vitale suspecte.

Toma Caragiu adopte une nouvelle vision du rôle de Pampon et transforme son personnage en brute qui, chaque fois qu'elle en a l'occasion, bat Crăcănel, la bonne, devant ceux qui sont présents au bal. Avec un visage fixe, impénétrable, regardant toujours l'interlocuteur dans les yeux, il est convaincu qu'il peut rendre justice avec son poing. Joué magistralement par Octavian Cotescu, Naé Girimea mange des graines de citrouille, donnant l'image d'un galant de banlieue qui se comporte assez respectueusement avec les hommes et est grossier envers les femmes, n'hésitant pas à faire preuve de violence, lui aussi, contre Catindat ou Mitza.

Dans l'interprétation de Gina Patrichi, la républicaine apparaît comme une personne désorientée, au propre comme au figuré, non peignée, portant une robe crasseuse, ayant un air perdu ; fatiguée, elle a des gestes incertains et un discours confus, elle ne simule pas la folie mais est vraiment folle (elle ne connaît pas les demi-mesures).

Grâce à la vision qu'a Lucian Pintilie du personnage de Didina, joué par Rodica Tapalaga, on comprend pourquoi Naé la préfère à Mitza. Didina exhibe sa féminité – en fait, on le sait, elle est encore plus jeune que Mitza –, elle est une ancienne marchande, elle est charmante et bien habillée.

Certes, on a reproché à la vision du metteur en scène l'exagération grotesque et les excès naturalistes, mais au-delà de cela, son originalité a été reconnue. Pour la première fois, grâce à la lecture de Pintilie, l'atroce agression des personnages de Caragiale est révélée, manifestant la même violence que celle utilisée par le metteur en scène du film *De ce trag clopotele, Mitică?* [*Pourquoi sonnent les cloches, Mitică?*]. La figure emblématique de ce film – Mitocanul Român [Le Rustre roumain] – révèle un processus irréversible de déshumanisation. Cependant, le metteur en scène

4. Perspectives innovatrices d'acteur et de metteur en scène

couvre dans une enveloppe comique le fond de férocité, de tristesse, de tragédie.

À Petroşani, en 1968, un metteur en scène aujourd'hui oublié, Alexandru Miclescu, réussit à présenter un tandem féminin crédible – Véta-Zitza –, les actrices mettant l'accent, sans ostentation, sur le côté humoristique. Il est également le premier, semble-t-il, à réaliser un mouvement de poursuite sur les échafaudages, où l'on ne voit, à travers la fenêtre du décor, que les pieds des personnes impliquées...

Le spectacle *O scrisoare pierdută* [*Une lettre perdue*], réalisé en 1972 par Liviu Ciulei au Théâtre Bulandra, contient une fois de plus une vision de mise en scène qui peut être intégrée avec succès parmi les productions innovantes. La distribution comprend à la fois des acteurs de l'équipe du Théâtre national et du Théâtre Bulandra, à savoir : Rodica Tapalagă (Zoé), Toma Caragiu (Tipatesco), Liviu Ciulei (Dandanaké), Petre Gheorghiu (Trahanaké), Octavian Cotescu (Catzavenco), Dem Rădulescu (Farfuridi), Mircea Diaconu (Branzovenesco), Ştefan Bănică (Pristanda). Ciulei exprime, dès le début, son respect pour les productions de ses prédécesseurs et son intention de se dégager de la tradition des virtuosités d'acteur pour favoriser la recherche de nuances intimes. Par sa mise en scène, il cherche à définir les relations entre les personnages, pas seulement à raconter l'action de la pièce. Du point de vue de la scénographie, il a été décidé de construire un bâtiment symbolique, où toutes les actions se déroulent, le décor étant un cadre fixe, mais sur plusieurs niveaux, avec des escaliers latéraux, réunissant et stratifiant le public au moment de l'assemblée électorale. Dans la dernière scène, Ciulei opte pour une fête bruyante, en dehors du cadre fixe, sur la rampe.

Dans la représentation des personnages, la réalisation de Liviu Ciulei est différente, dans ses options, de celle de Sică Alexandrescu : le préfet de la ville semble être un carriériste, un opportuniste, mais aussi un rustre aux habitudes violentes. Dans sa récente mise en scène, le visage sert de masque (un moment suggestif – au début, quand Tipatesco se rase, secondé par Pristanda, comme s'il avait préparé son masque parfait). Le succès de Toma Caragiu réside dans le fait qu'il parvient à donner de l'humour personnel à ce personnage qui, dans la plupart des productions, y compris celle de Sică Alexandrescu, était éminemment sobre. Rodica Tapalaga a essayé un personnage manipulateur, un bon stratège.

L'originalité du spectacle est visible au niveau de la spontanéité de la création, à la fois du metteur en scène et des acteurs.

Parallèlement au spectacle de Pintilie, Ciulei réussit à contribuer à l'évolution stylistique des représentations théâtrales en Roumanie et des comédies de Caragiale en particulier. « Il s'agit de garder la dimension comique de la gravité » – avoue l'artiste dans le livret-programme. Le spectacle a été repris en 1979, avec quelques changements de distribution : Victor Rebengiuc (Tipatesco) donne une interprétation presque versatile, et Mariana Mihuț (Zoé) est devenue glaciale et autoritaire, vaguement féminine, clairement lucide. Un autre changement est apporté au rôle de Dandanaké. Cette fois, Fory Etterle fait preuve d'un crétinisme avancé, parfaitement intégré dans le paysage de la pièce. « Le spectacle a prouvé son innovation dans le sens de la *vulgarisation* et non de la *vulgarité*[132]. »

En 1972, *O noapte furtunoasă* [*Une nuit orageuse*] bénéficie de deux productions intéressantes, signées par Magda Bordeianu (Baia Mare) et Nicolae Scarlat (Târgu Mureș). Concernant la première, les critiques disent qu'elle s'est déroulée au rythme d'un film avec Malec ou Charlot ; l'autre apporte comme nouveauté, à la fin, le réveil de la banlieue et la participation des voisins au mariage de Zitza. Dans ces deux productions, les interprètes de Véta – Tzenka Velceva Binder et Lucia Boga – ont été remarqués.

L'année suivante, *Noaptea...* [*Une nuit...*] fait ses débuts sur la scène du Teatrul de Comedie [Théâtre de Comédie], sous la direction de Lucian Giurchescu. Ce spectacle a été très commenté, on remarque sa distribution retentissante, dont, détail intéressant pour nous, ce commentaire de Mira Iosif qui considère que le personnage ayant « la plus grande authenticité et en possession d'une dimension artistique supérieure reste Vasilica Tastaman, une Véta avec l'autorité de Coana Joițica, qui est ici le pivot central des événements »[133]. Mais on s'éloigne de l'opinion de la fin de la chronique : « On ne peut accepter l'idée que notre grand classique est si peu, si rarement, si uniformément représenté, sur si peu de nos nombreuses scènes. » Si on ne passe en revue que les mises en scène sélectionnées dans ce chapitre, on remarquera que la réalité est toute différente...

On retrouve une mise en scène innovatrice pour *O scrisoare pierdută* [*Une lettre perdue*] en 1974, au Théâtre national de Craiova ; l'auteur en est Mircea Cornișteanu. Dans son approche, les personnages de Caragiale n'hésitent pas à se livrer aux perfidies et à la violence,

---

[132] V. Silvestru, *op. cit.*, p. 161.
[133] *Teatrul*, n° 10, 1973.

afin d'éliminer leurs adversaires. La liaison adultère entre Zoé et Tipatesco semble être connue de tous, y compris de Trahanaké – qui est plus rusé qu'on ne le pense ; Cornișteanu a également imaginé une partie de la chambre à coucher de Tipatesco comme un vaste espace, devenu d'intérêt public. L'idée d'« opportunisme » utilisée par Ciulei à la fin (le terme est de Valentin Silvestru) est reprise dans la représentation de Craiova, lors de la scène de l'assemblée électorale. Cornișteanu place l'action dans un restaurant, le comportement des personnages paraissant approprié au lieu.

La même pièce est comprise différemment par la metteuse en scène Anca Ovanez dans sa mise en scène à Iași en 1975. Dans sa vision, *O scrisoare pierdută* [*Une lettre perdue*] est un pamphlet politique, joué par des personnages grotesques et mettant l'accent sur le tragicomique vécue par les personnages ainsi que sur l'absurdité des actions et du langage. L'ensemble de l'action se situe dans le bureau principal du préfet. La distribution comprend Teofil Vâlcu – l'interprète de Catzavenco ; Zoé, révolutionnaire ici, est Liana Mărgineanu, et Marcel Finchelescu joue subtilement Trahanaké. La mise en scène se montre crédible et l'humour est assuré.

Cette même année, à Târgu Mureș, dans un anonymat immérité, a lieu une importante première : *Scrisoarea... [La Lettre...]*, sous la direction de Nicolae Scarlat. Je n'en ai trouvé qu'une seule référence en roumain – il en existe une autre dans une publication de langue hongroise – dans le volume de Bogdan Ulmu, *Sub semnul teatrului*[134]. Si on ne nous dit pas des choses agréables sur l'actrice qui joue Zoé, on y trouve louée une actrice travestie qui joue Dandanaké – Livia Doljan. Ceux qui ont discuté du travesti de Leopoldina Bălănuță dans le spectacle du Teatru Mic [Le Théâtre Petit] découvriront désormais qu'il existe un précédent... à Târgu-Mureș.

En 1976, Mircea Cornișteanu propose à Cetatea Băniei [Craiova] sa première mise en scène de l'enviable « intégrale Caragiale » : Vladimir Juravle, Remus Mărgineanu, Anghel Popescu, Ilie Gheorghe, Const. Fugașin, Rodica Radu, Iosefina Stoia / Minerva D. Aureliu et d'autres y jouent. Le spectacle était intéressant, ont estimé les critiques, quoiqu'une chronique émette des réserves sur l'interprétation donnée par les héroïnes qui nous intéressent : « Rodica Radu a cédé la place à l'aspect matrimonial de l'interprétation, bien que la logique de mise en scène lui ait manifestement montré un sens différent. Zitza, dans l'interprétation de Minerva D. Aureliu,

---

[134] B. Ulmu, *op. cit.*, p. 169.

tombe dans le grotesque biologique, sachant que chez elle le charme représente une caractéristique définitoire »[135].

Les critiques apprécieront également la mise en scène de Mircea Marin à Braşov en 1977. Ici, les attributions des personnages sur scène changent : Trahanaké connaît (ici aussi) l'adultère de sa femme, mais il se comporte avec un « détachement ironique » ; Dandanaké n'est plus un vieillard adouci et ridicule, mais, au contraire, un homme « en force » à l'air énigmatique ; Le citoyen ivre est moins... ivre que dans d'autres représentations et s'avère être l'homme de confiance de Trahanaké ; en ce qui concerne le couple Zoé (Virginia Itta Marcu) – Tipatesco (Ion Jugureanu), leurs personnages ressemblent à des marionnettes habilement manipulées, on ne sait par qui... Parmi les nombreuses nouvelles propositions de cette mise en scène, il y a aussi une suggestion d'une éventuelle future relation érotique entre Zoé et... Catzavenco. On remarque également l'introduction de nouveaux personnages dans la scène de l'assemblée, identifiés dans la liste de distribution : Un ancien colonel, Le doyen majeur, Son fils, Un marchand colérique, Un marchand calme, Un ancien fermier, Le directeur du journal.

La mise en scène d'Alexa Visarion en 1980 au Teatrul Giuleşti [Théâtre Giuleşti], avec *O noapte furtunoasă* [*Une nuit orageuse*], se déroule dans un espace désordonné et sale, où les personnages vivent en état de somnolence permanente, de faiblesse physique, n'hésitant pas paradoxalement à montrer leur férocité. Le metteur en scène perçoit le monde de Caragiale de manière personnelle : Rica est odieux et Spiridon paraît sous les traits d'un bouffon absurde. Visarion distingue deux thèmes majeurs dans cette pièce, à savoir l'amour (« misérable » !) et la politique (« le mauvais traitement de l'idée de politique », dit le metteur en scène[136]). Les personnages restent, évidemment, comiques, mais sont aussi instinctifs, grotesques, passionnés et dénotent une certaine ambiguïté. Véta est incarnée par Dorina Lazăr (« sensuelle et aboulique, errant de manière hallucinante sur la scène »), et Zitza – Rodica Mandache (« sans les trois ans de pension »[137]).

Aureliu Manea, dans *Conu' Leonida faţă cu reacţiunea* [*M'sieu Léonida face à la réaction*] (1980), au Teatrul Naţional [Théâtre national] de Cluj-Napoca, applique discrètement une vision métaphy-

---

[135] I. Niculescu, *Teatrul*, n° 11, 1976.
[136] Dans la revue *Teatrul*, n° 9, 1979.
[137] M. Bărbuţă, *Informaţia Bucureştiului*, 19 septembre 1979.

sique sur un matériau satirique. *Conu Leonida* se présente comme un spectacle avec des inserts fantastiques. La servante, spectrale, effectue des apparitions répétées en pleine conversation et des disparitions invisibles et hallucinantes pour les deux protagonistes, comme si tout se passait dans un autre monde.

Bogdan Ulmu, dans *O noapte furtunoasă* [*Une nuit orageuse*] (1980), à Sibiu, vise à renverser certaines relations de la pièce : Titircă est… « bon cœur », et Rica est forcé se marier par le clan dirigé par l'énergique Véta. Il faut mentionner que Ghitza Țârcădău apparaît pour la première fois sur scène ! Véta était Geraldina Basarab et Zitza – Kitty Stroescu (précurseure de Dorina Lazăr, comme une surprise de distribution).

Les idées sont reprises, moyennant quelques révisions, dans le spectacle de 1998, à Bârlad, dans lequel Véta (Lily Alexiu) « oscille entre l'épouse aboulique, submergée par des migraines, vouée au sédentarisme molatique et la femme féroce qui soutient pathétiquement son amant, le remontant quand il tombe mental ». À propos de Zitza, on nous dit que, de la manière dont elle est esquissée du point de vue de la mise en scène, « à l'avenir, elle ne refusera pas les assiduités du lascif Spiridon »[138].

Tompa Gabor, dans la mise en scène de *O noapte furtunoasă* [*Une nuit orageuse*] (1984), au Teatrul Național [Théâtre national] de Târgu Mureș, présente un monde qui vit théâtralement, avec des gestes et des airs conventionnels, hyperbolisés dans un registre presque grotesque.

Mircea Cornișteanu met en scène, en 1984, *D-ale carnavalului* [*Scènes de carnaval*] au Teatrul Național [Théâtre national] de Craiova ; à la fin du spectacle, l'accès d'agressivité collective a pour victime Catindat, le seul personnage innocent de la comédie.

Dragoș Galgoțiu, en 1984, au Théâtre municipal de Ploiești, met en scène *D-ale carnavalului* [*Scènes de carnaval*], en valorisant particulièrement le motif du « monde comme théâtre », Iordache étant celui qui fait bouger les « marionnettes sur scène ».

En 1984, à Constanța, le spectacle *Conu' Leonida față cu reacțiunea* [*M'sieu Léonida face à la réaction*], réalisé sous la direction de Dominic Dembinski, avec Vasile Cojocaru, a été interdit, immédiatement après avoir remporté un prix au festival d'Oradea. L'avis de Paul

---

[138] T. Pracsiu, *Teatrul românesc*, février 1998.

Cornel Chitic[139] est presque drôle : « ... à un moment donné, le texte de Caragiale semble trop *mince* pour la vision du metteur en scène » !

En 1985, à Budapest, *D-ale carnavalului* [*Scènes de carnaval*] est réalisé par Gothar Peter. Une chronique[140] déclare une chose presque incroyable : « Rarement on a pu assister à un spectacle sur ce texte dans lequel le metteur en scène, le scénographe et les interprètes n'*innovent* pas. » Il n'est pas clair jusqu'à la fin de cette histoire si l'attitude des Hongrois était... la *bonne* !

En 1986, au Teatrul Nottara [Théâtre Nottara] est présentée *O noapte furtunoasă* [*Une nuit orageuse*] sous la direction de Dan Micu. Spectacle ayant des idées et de la mesure. Véta (jouée alternativement par Margareta Pogonat et Ruxandra Sireteanu) a des migraines fréquentes, typiques d'une épouse négligée ; retenue, la première ; sensuelle, l'autre. À propos de Diana Lupescu (Zitza), une chronique explique que, « du point de vue de son tempérament, elle est hystérique et avec des accès de nymphomanie »[141].

En 1988, à Naționalul Ieșean [Théâtre National d'Iași], Ovidiu Lazăr présente *Noaptea...* [*Une nuit...*], une représentation intéressante, quoiqu'inégale, dans laquelle Valentin Silvestru remarque le jeu de Violeta Popescu – Véta, « avec verve, avec de drôles d'aventures oratoires moralisantes » ; il pense que, pour le personnage de Zitza, Carmen Tănase a été « distribuée d'une manière inadéquate »[142].

Silviu Purcărete, dans *O scrisoare pierdută* [*Une lettre perdue*] au Teatrul Mic [Le Théâtre Petit], également en 1988, propose dès la première scène de la pièce une approche inédite : le préfet joue de la musique préclassique à la flûte, dans un jardin luxueux ressemblant à un parc anglais. L'ambiance du spectacle n'est cependant guère élégante : « On entend les poulets caqueter, de grands chiens de berger gardent le foyer du préfet (attaquant les intrus avec des aboiements déchaînés). Dans quelques épisodes, il tonne, il fait des éclairs, il pleut à seaux, marquant parodistiquement-allusivement la tempête qui a sorti du lit les eaux calmes de la ville »[143]. Zoé (Rodica Negrea) est petite, mince, toute nerveuse. Jusqu'à la fin, l'image d'horreur reste imprimée sur son visage – à cause de la possible révélation de l'histoire d'amour.

---

[139] Dans *Teatrul*, n° 3, 1985.
[140] *Teatrul*, n° 10, 1985.
[141] C. Radu-Maria, *Teatrul*, n° 2, 1987.
[142] *România literară*, n° 14, 1988.
[143] V. Silvestru, *România literară*, n° 20, 1988.

En 1989, Rodica Mandache, dirigée par Tudor Mărăscu, ose présenter sur la scène du Teatrul Giuleşti [Théâtre Giuleşti] *Doamnele domnului Caragiale* [*Les Dames de M. Caragiale*] (spectacle repris, en 1990, par l'éphémère Teatrul Scorpion [Théâtre *Scorpion*]). Son tour de force ne sera pas vain. Dans ce spectacle, on remarque Zitza qui est, d'une part, Juliette amoureuse, d'autre part, une demoiselle avec tempérament qui danse le *french cancan* : « Comment pouvez-vous créer des êtres si connectés aux autres sans leurs partenaires ? » C'est possible, si le jeu se déroulait de manière à ce que ces partenaires aient une esquisse de rêve et que leurs réactions supposées soient sensibilisées dans les gestes, les mots et les regards de l'héroïne »[144].

Après 1990

L'un des premiers spectacles de Caragiale après 1989 est la représentation de *O scrisoare pierdută* [*Une lettre perdue*], à Piatra Neamţ, en 1991. Il porte la signature de la mise en scène de Nicolae Scarlat (auteur de l'ancien *O scrisoare...* [*Une lettre...*] présenté à Târgu Mureş). Cette fois, le metteur en scène tente, le premier en Roumanie, de placer l'action à notre époque. Procédure risquée, hélas ! et sanctionnée par les critiques, à juste titre : « L'actualité n'implique pas nécessairement la mise à jour, car la mise à jour, non portée jusqu'au bout, comme à présent, dans Piatra Neamţ, peut atteindre la performance de ne même pas être d'actualité »[145]. Zoé, qui apparaît en collants et est giflée par Tipatesco, est jouée par Oana Albu-Birău.

En 1994, à Târgu Mureş, Mircea Cornişteanu (l'un des rares metteurs en scène pouvant se vanter d'avoir mis en scène tous les grands textes du classique !) propose une nouvelle *Noaptea... [Une nuit...]* : nouvelle, tout d'abord, parce qu'elle se joue dans les costumes et décors des années postrévolutionnaires, mais reposant sur l'anachronisme – à la télévision, l'émission *Ştiri* [*Journal*] à 20 heures présentait Zitza se défendant du rustre avec un *spray* paralysant, on entend des *manele* (musique des Balkans), etc. Le spectacle, évidemment, a été accueilli par certains critiques avec réserve, sachant que la « mise à jour » de Caragiale est une question de redondance. On remarque les deux actrices – Suzana Macovei et Magda Catone.

La même année, sur la scène du Teatrului de Comedie [Théâtre de la Comédie], Mihai Manolescu nous invite à *D-ale carnavalu-*

---

[144] V. Silvestru, *România literară*, n° 18, 1989.
[145] V. Parhon, *Teatrul azi*, n° 3, 1992.

lui [*Scènes de carnaval*]. « Le carnaval manque au spectacle, mais Virginia Mirea (Mitza) est pleine d'énergie, alimentée par une colère vindicative. Didina, un peu fumée dans son existence caractéristique (Aurora Leonte) »[146].

Lors de la saison théâtrale 1995-1996, on trouve des références à un spectacle « raté », présenté au Théâtre de Turda par un jeune metteur en scène et acteur mature – Marius Oltean. Peut-être n'aurions-nous pas discuté de la mise en scène, si son commentateur n'avait pas recouru au langage de Caragiale pour résumer ses impressions : « Le gramophone chante *De ce mă amăgeşti* ? [*Pourquoi me trompez-vous* ?], le citoyen qui veille et qui paie se pose la même question. On ferait mieux de mettre l'argent dans l'autre poche et de dire qu'on est parti. Je peux dire haut et fort : je me suis échappé jusqu'à présent ! Saint André, aide-moi à partir de maintenant aussi ! Je suis encore jeune ! Bon génie de l'avenir de la Roumanie, protégez-moi, moi aussi je suis roumain !... »[147].

À Nottara, Dan Micu reprend *Noapte...* [*Une nuit...*], avec une jeune distribution dans laquelle les femmes apportent un jeu moderne et peu surprenant : on pense à Crenguţa Hariton (Véta) et Clara Vodă (Zitza). Une nouveauté : un personnage féminin apparaît également dans cette mise en scène, Cântăreaţa [La Chanteuse] – un rôle joué par Andreea Măcelaru.

En 1997, au Théâtre national de Iaşi, Sorana Coroamă-Stanca veut montrer que, dans les *D-ale carnavalului* [*Scènes de carnaval*], le monde « n'est pas aussi sale et pas aussi misérable que Lucian Pintilie nous l'avait révélé. La vision actuelle est celle de la compréhension, de la satire joyeuse, de l'indulgence ironique et, dirait-on, par endroits, même de la sympathie dissimulée. La scène de la confrontation entre Mitza (Catinca Tudose) et Didina (Anne Marie Chertic) est tirée de Stan et Bran et de l'opéra – des parodies très réussies de certaines séquences de *Norma* [*Norma*] »[148]. Un fait divers apparaît également dans le spectacle... Safta (de *Conu Leonida*) accompagne Iordaké dans la boutique...

La même année, Mircea Cornişteanu propose la quatrième version de *O scrisoare...* [*Une lettre...*], sur la scène du Théâtre national de Craiova. Zoé est représentée par Adriana Moca, « qui évolue motivée, avec une bonne intuition de la psychologie du personnage

---

[146] V. Silvestru, *Teatrul*, n° 10-11, 1994.
[147] S. Attila, *Rampa*, 8 mars 1996.
[148] Ş. Oprea, *Symposion*, 9 avril 1997.

et avec le charme de l'âge de l'actrice ». Bien que l'approche répète l'ancienne conception du metteur en scène, quelque chose de nouveau apparaît dans le décor – l'action se déroule dans le jardin, pas dans le salon ; ici également, les statues des précurseurs sont utilisées de manière drôle, dit le chroniqueur Ion Parhon[149].

Toujours en 1997, un spectacle pour étudiants, signé par Radu Nichifor, propose une idée valable concernant Véta : elle est prête à céder à Kiriak même *après* s'être rendu compte qu'il s'agit d'une confusion !

Une mise en scène généreusement commentée par la critique est celle de *Noaptea*... [*La Nuit*...] de Mihai Măniuțiu au Teatrul Odeon [Théâtre Odéon] en 1998. En plus de la proposition de mise en scène personnelle – on montre que dans Caragialia le vide règne, un vide qui est énorme et sans solution pour y échapper –, il y a aussi des « surprises » dans la distribution des rôles féminins : Véta est Oana Pellea (réputée comme interprète de drame et présentée comme aimant « avec frissons et tremblements ») et Zitza est plus âgée (Dorina Lazăr « a la grâce de Miss Piggy », écrit Florica Ichim[150]). Une autre chronique fait remarquer un aspect que je considère intéressant : « Oana Pellea est porteuse de discours plutôt que de vie. De temps en temps, elle entre dans la réalité du personnage, elle devient l'épouse de Dumitraké, puis une vulgarité infinie envahit la scène[151]. » Le *clou* de la mise en scène est la locomotive à vapeur – qui apparaît sur scène à la fin et démolit le mur de la maison au numéro 9. Pourquoi ? Personne ne sait précisément comment répondre...

La perspective du metteur en scène Alexandru Tocilescu dans *O scrisoare pierdută* [*Une lettre perdue*], présentée en 1999 au Teatrul Național [Théâtre national] de Bucarest, rassemble une équipe impressionnante (Ion Lucian, Mircea Albulescu, Ștefan Iordache, Florin Zamfirescu, George Ivașcu, Dan Puric / Marius Vizante, Magda Catone, Răzvan Vasilescu). Le spectacle se démarque, provoquant de nombreux commentaires contradictoires. Voici l'image du monde contemporain, à travers l'œuvre de Caragiale. Dans un décor moderne et avec des costumes adéquats, les personnages sont divisés en deux camps – avantages et inconvénients. La lutte pour le pouvoir devient la particularité du monde d'aujourd'hui, égale-

---

[149] Dans *Teatrul*, n° 10, 1997.
[150] Dans *România liberă*, 26 novembre 1998.
[151] M. Boiangiu, *Scena*, n° 7, 1998.

ment troublé par les élections électorales. Une chroniqueuse, Felicia Mihali, estime que Zoé (Magda Catone) serait le seul succès de la distribution[152].

Une mise en scène moins fréquemment évoquée est celle de la scène de Focşani, présentée par Cătălin Naum en 1999. On y remarque l'idée d'une Zitza enceinte, portant les traces des pleurs, qui semble prier pour que son beau-frère ne la marie pas avec le vagabond... Quant au couple Véta-Kiriak, on ne peut pas ignorer le fait qu'ici la relation mère-enfant (« la mère » est Paula Grosu). C'est à ce moment que le maître Dincă, le bâtisseur, celui qui a causé la confusion, apparaît également sur la scène (pour la première fois ?).

La même année, la jeune Daniela Peleanu « brise le monopole » de Cornişteanu à Craiova et propose, à son tour, une *Noapte...* [*Nuit...*] que les critiques jugent « de bon goût » – ce qui est important, dans la multitude des mises en scène qui indisposent par trivialité. Véta est représentée par Tamara Popescu et Zitza par Mirela Cioabă.

En 2001, *O noapte furtunoasă* [*Une nuit orageuse*], présentée à Bacău sous la direction de Dumitru Lazăr Fulga se trouve controversée, bien que les interprètes des femmes aient fait leur devoir avec professionnalisme (Doina Iacob et Florina Găzdaru). Une des idées qui ont choqué a été évoquée dans la conférence de presse qui a suivi la représentation : Rica vient le soir à Zitza (en fait, on le sait, à Véta !) habillée en femme ! Et avec les violoneux après lui ! Pourquoi ? Pareil à l'oncle Anghelache, sage, le metteur en scène n'a pas voulu répondre...

En 2002, Dan Tudor propose une nouvelle *Noaptea...* [*Une nuit...*], à Galaţi. Véta (Tamara Constantinescu) est une « Ophélie de banlieue », et Zitza (Liliana Lupan) « est une femme ingénue mûre, qui est en surcharge pondérale et trop maquillée, impatiente de restaurer la stabilité érotique ». Parmi d'autres innovations danubiennes : Rica est joué par un bon acteur... à l'âge de la retraite ; et pour que la solution ne semble pas bizarre, Spiridon n'est jeune non plus : c'est un « brigand aux cheveux blancs qui erre parmi des personnages comme Gulliver au pays des nains »[153].

Toujours en 2002, Măniuţiu a dirigé *Conu Leonida*, au Teatrul Odeon [Théâtre Odéon]. Spectacle *fellinien*, comme l'appelait un critique. Un spectacle désagréable, mais qui te fait réfléchir : « de

---

[152] *Evenimentul zilei*, 8 octobre 1999.
[153] G. Hurezean, *Naţional*, 18 juin 2002.

la périphérie de Bucarest, on peut voir les lumières trompeuses de la ville. Les deux sont presque sans abri. Ils ont quelque chose de la cruauté des personnages des films néoréalistes italiens. Safta, Oana Ștefănescu, est tuée par Ipingesco. Efimitza de Dorina Lazăr est d'essence fellinienne. Le jeu de l'actrice se métaphorise sous le pli d'une signification globale »[154]. Plus intéressant, cependant, est le décryptage d'Adrian Mihalache : « L'action semble se dérouler le soir de Sabbat, pas la nuit de Mardi gras. Ce ne sont pas les forces politiques de réaction qui effraient Léonida et son épouse, mais les forces maléfiques de l'enfer »[155].

En 2002, au Teatru Național [Théâtre national] de Bucarest, est représenté *O noapte furtunoasă* [*Une nuit orageuse*], réalisé par Felix Alexa, avec une très bonne Véta – Irina Movilă, « bonne dame, un peu aboulique, cousine des Colombines de la *Commedia dell'Arte*, qui jongle avec les mots et les pelotes de laine »[156]. Le spectacle a été généralement apprécié parce qu'il a gardé une certaine mesure dans la reconsidération du texte – chose difficile à rencontrer, au troisième millénaire, alors que de nombreuses mises en scène sont abracadabrantes, de ce point de vue. On aimerait citer un extrait de la conception du metteur en scène : « Je n'ai pas voulu faire Caragiale plus connu à l'étranger, mais j'ai essayé de montrer qu'il y a dans la pièce un fil qui est universel, poétique, fou, sans n'être qu'une comédie de mœurs »[157].

En 2005, une nouvelle *O scrisoare pierdută* [*Une lettre perdue*] est présentée sur la première scène du pays. Également basée sur la contemporanéité. Bien que, de ce point de vue, la décision soit discutable, car il y avait encore la mise en scène de Tocilescu. La mise en scène est ici centrée sur l'amour de feuilleton entre Zoé (Tania Popa) et Fănică (Mihai Călin). « Le spectacle se finit comme il commence, avec la danse des deux éternels amoureux, regardée à la télé par Le citoyen ivre »[158].

En 2006, un phénomène bizarre se produit : le Teatrul Național de Iași, « Casa lui Alecsandri » [Théâtre national de Iași, « La Maison d'Alecsandri »], propose – sacrilège ? – un Caragiale sans texte ! Père Virgule, sans virgules ? Même sans mots ? Eh bien, l'idée du jeune

---

[154] M. Morariu, *Familia*, n° 1, 2003.
[155] *Dilema*, 31 janvier 2003.
[156] G. Hurezean, *Național*, 29 mai 2003.
[157] *Adevărul literar și artistic*, 1er mars 2005.
[158] M. Andronescu, *Jurnalul național*, 16 mars 2005.

et inexpérimenté Adi Afteni a fait son chemin. *Noaptea… [La nuit…]*, ont dit certains, n'est pas compréhensible s'il n'y a pas de texte. Notre modeste opinion, cependant, est que dans le cas des comédies de Ion Luca Caragiale, il n'y a pas besoin de mots, tout spectateur lettré sachant de quoi il s'agit dans les pièces… Laura Bilic dans le rôle de Véta a été excellente, à notre avis, faisant un couple admirable dans une relation de… silence éloquente avec Octavian Jighirgiu – Kiriak. Malheureusement, Zitza était moins visible, à l'exception d'une danse nerveuse, projetée comme un théâtre d'ombres. Quoi qu'il en soit, le spectacle reste une référence… C'est dommage qu'il ait eu une courte durée de vie et qu'il n'a pas pu être présenté dans les festivals – car la proposition aurait suscité, sans aucun doute, des commentaires vifs…

En 2008, au Teatrul Bulandra [Théâtre Bulandra], Doru Ana propose un autre Caragiale… plus moderne (suivant les idées des metteurs en scène Scarlat, Cornișteanu et Tocilescu) : les personnages de *Scrisorii… [Une lettre perdue]* « sont drôles, avec une mise à jour très réussie. Zoé est une fille de Moldavie qui suit un modèle de personnage post-décembre 1989 ; femme moderne et un peu naïve – Daniela Nane »[159]. Bien sûr, on ne résoudra jamais le dilemme de la mise à jour de Caragiale : notre opinion est cependant identique à celle du professeur Ștefan Cazimir, qui, dans une chronique au spectacle de Tocilescu, avouait ironiquement : « Cette mise en scène a détruit une certitude – celle de l'actualité de Caragiale. Un auteur vraiment actuel ne se serait pas prêté à autant de mises à jour ! »…

D'autres mises en scène des textes de Caragiale sur les scènes de Roumanie

1880, Teatrul Național din Iași [Théâtre National de Iași] joue, à Huși, *O noapte furtunoasă [Une nuit orageuse]*, mise en scène – C. Bălănescu[160] ;

---

[159] A. Boboc, *Drama*, n° 1-2, 2008.

[160] N'ont pas été reprises ici les données concernant les mises en scène évoquées dans la première partie du chapitre et ont été mises en vedette les interprètes des héroïnes, ce qui constitue le sujet de ce travail. Le fait d'avoir cité des productions quasi anonymes est, au moins, justifié par l'utilité de remettre en circulation des noms de metteurs en scène et d'acteurs peu cités, tout en présentant un tableau chronologique des performances scéniques des comédies de I. L. Caragiale dans les théâtres du pays depuis plus de cent ans (1880-2009).

4. Perspectives innovatrices d'acteur et de metteur en scène

1882, Iași, *O noapte furtunoasă* [*Une nuit orageuse*], avec Athena Georgescu, Elena Lașcu ;

1889, Iași, *Conu' Leonida față cu reacțiunea* [*M'sieu Léonida face à la réaction*], avec Mihai Arceleanu dans le rôle titulaire ;

1892, Iași, à Grădina Tivoli [au Jardin Tivoli], *Conu' Leonida față cu reacțiunea* [*M'sieu Léonida face à la réaction*], avec Maria Ciuhureanu ; la même année, le spectacle est joué de nouveau à Manejul Mavrocordat [Manège Mavrocordat] sous le titre *Republicanismul* [*Le Républicanisme*] ;

1893, Iași, *O scrisoare pierdută* [*Une lettre perdue*], metteur en scène – Mihai Popovici senior, avec Verona Almăgeanu ; pendant la saison théâtrale suivante, le rôle est également joué par Elena Botez ;

1894, Iași, *Conu' Leonida față cu reacțiunea* [*M'sieu Léonida face à la réaction*], avec Athena Georgescu dans le rôle d'Efimitza ;

1897, Iași, *O scrisoare pierdută* [*Une lettre perdue*], metteur en scène – A. Rădulescu-Mariu, avec Verona Almăgeanu ;

1902, Iași, *D-ale carnavalului* [*Scènes de carnaval*], avec Eufrosina Momuleanu et Ecaterina Petrone ;

1903, Iași (au Cirque Sidoli), *Conu' Leonida față cu reacțiunea* [*M'sieu Léonida face à la réaction*], avec Athena Georgescu ; son époux était représenté par C. B. Penel ;

1905, Teatrul Național [Théâtre National], *O scrisoare pierdută* [*Une lettre perdue*], metteur en scène – Paul Gusty ; Zoé a été Maria Ciucurescu ;

1907, Iași, *Conu' Leonida față cu reacțiunea* [*M'sieu Léonida face à la réaction*], avec Athena Georgescu ;

1912, Iași, *O noapte furtunoasă* [*Une nuit orageuse*], avec Eufrosina Momuleanu et Zoé Condurato ;

1912, Iași, *Conu' Leonida față cu reacțiunea* [*M'sieu Léonida face à la réaction*], avec Vasile Boldescu en rôle travesti ;

1912, Iași, *O scrisoare pierdută* [*Une lettre perdue*], metteur en scène – N. I. Alexandrescu, avec Verona Cuzinschi ; pendant la saison théâtrale suivante, le rôle de Zoé est joué par Maria Ciucurescu ;

1912, Iași, *D-ale carnavalului* [*Scènes de carnaval*], avec Zoé Condurato et Marcela Marcelian ;

1916, Iași, *Conu' Leonida față cu reacțiunea* [*M'sieu Léonida face à la réaction*], avec Didina Castriș ; Léonida – C. Vernescu-Vâlcea ; le spectacle tiendra l'affiche pendant plusieurs saisons théâtrales ;

111

1917, Iaşi, *O noapte furtunoasă* [*Une nuit orageuse*], avec Maria Ciucurescu, Marcela Marcelian-Pella ; à la saison théâtrale suivante, Véta est jouée par Didina Castriş;

1918, Iaşi, *O scrisoare pierdută* [*Une lettre perdue*], avec Victoria Vernescu ;

1920, Cluj-Napoca, *O scrisoare pierdută* [*Une lettre perdue*], metteur en scène – I. Stănescu-Papa ; Zoé – S. Sonia (Cluceru) ; le spectacle sera joué à chaque saison théâtrale, jusqu'à 1943 ; le metteur en scène technique n'était autre que le futur grand directeur artistique, Sică Alexandrescu ;

1921, Cluj-Napoca, *O noapte furtunoasă* [*Une nuit orageuse*], metteur en scène – I. Stănescu-Papa et Sică Alexandrescu, avec Ecaterina Popeia et Natalia Ştefănescu ;

1922, Cluj-Napoca, *Conu' Leonida faţă cu reacţiunea* [*M'sieu Léonida face à la réaction*], metteur en scène – I. Stănescu Papa, en rôle travesti – Virgil Vasilescu ;

1924, Iaşi, *O scrisoare pierdută* [*Une lettre perdue*], avec Eugenia Melinte ;

1929, Iaşi, *O noapte furtunoasă* [*Une nuit orageuse*], avec Didina Castriş et Lucia Popescu ;

1929, Iaşi, Ateneu Tătăraşi, *Conu' Leonida faţă cu reacţiunea* [*M'sieu Léonida face à la réaction*], avec Justin Handoca (travesti) ;

1930, Iaşi, *D-ale carnavalului* [*Scènes de carnaval*], metteur en scène – A. I. Maican, avec Lucia Popescu et Mimi Constantinescu ;

1932, Cluj-Napoca, *D-ale carnavalului* [*Scènes de carnaval*], metteur en scène – Virgil Vasilescu, avec Aurelia Vasiliu (Miţa) et Viorica Dimitriu (Didina) ; « la salle a été remplie d'explosions de rires frénétiques » (Liviu Hulea, *apud Teatrul Naţional Cluj-Napoca*, 1994) ;

1936, Iaşi, *O noapte furtunoasă* [*Une nuit orageuse*], metteur en scène – Ion Sava ; Ziţa était Athena Marcopol ;

1937, Teatrul Naţional din Bucureşti [Théâtre national de Bucarest], *O scrisoare pierdută* [*Une lettre perdue*], avec Eugenia Zaharia pour Zoé ;

1937, Teatrul Naţional din Bucureşti [Théâtre national de Bucarest], *D-ale carnavalului* [*Scènes de carnaval*], metteur en scène – Vasile Enescu, avec Nataşa Alexandra et Eugenia Zaharia ;

1937, Teatrul Naţional din Bucureşti [Théâtre national de Bucarest], *Conu' Leonida faţă cu reacţiunea* [*M'sieu Léonida face à la réaction*], avec Sonia Cluceru (Efimiţa) ;

1937, Iași, *O scrisoare pierdută* [*Une lettre perdue*], metteur en scène – Sandu Teleajen, avec Tantzi Benescu-Munteanu ;

1937, Teatrul Comedia din București [Théâtre Comedia de Bucarest], *O noapte furtunoasă* [*Une nuit orageuse*], metteur en scène – Sică Alexandrescu, avec Maria Filotti, Silvia Dumitrescu-Timică ;

1940, Cluj-Napoca, *O scrisoare pierdută* [*Une lettre perdue*], Le cercle de théâtre étudiant propose deux noms importants de notre culture : Radu Stanca pour Farfuridi et Eta Boeriu – Zoé ;

1940, Iași, *D-ale carnavalului* [*Scènes de carnaval*], metteur en scène – N. Massim, avec Elena Foca et Margareta Baciu ;

1941, Iași, *Conu' Leonida față cu reacțiunea* [*M'sieu Léonida face à la réaction*], metteur en scène – N. Massim, avec Elena Foca ;

1942, Iași, *O noapte furtunoasă* [*Une nuit orageuse*], metteur en scène – N. Massim, avec Elena Foca et Athena Marcopol ;

1942, Iași, *O scrisoare pierdută* [*Une lettre perdue*], metteur en scène – C. Ramadan, avec Eugenia Protopopescu ;

1943, Iași, *O noapte furtunoasă* [*Une nuit orageuse*], metteur en scène – Miluță Gheorghiu, avec Eliza Nicolau et Eugenia Protopopescu ;

1943, Iași, *Conu' Leonida față cu reacțiunea* [*M'sieu Léonida face à la réaction*], metteur en scène – Miluță Gheorghiu, avec Elena Foca ;

1946, Cluj-Napoca, *O noapte furtunoasă* [*Une nuit orageuse*], metteur en scène – Vintilă Rădulescu, avec Virginia Drăgoi et Tanța Brătășanu ;

1949, Timișoara, *O scrisoare pierdută* [*Une lettre perdue*], metteur en scène – Dem Moruzan, avec Coca Ionescu ;

1949, Iași, *O scrisoare pierdută* [*Une lettre perdue*], metteur en scène – Nic Moldovanu, avec Eugenia Protopopescu ;

1950, Bacău, *O noapte furtunoasă* [*Une nuit orageuse*], metteur en scène – Lascăr Sebastian : pour les rôles de Titircă et Zitza, étrangement, des interprètes d'autres théâtres ont été amenés ;

1950, Iași, *O noapte furtunoasă* [*Une nuit orageuse*], metteur en scène – N. Al. Toscani, avec Eugenia Protopopescu et Virginica Bălănescu ;

1950, Cluj-Napoca, *O noapte furtunoasă* [*Une nuit orageuse*], metteur en scène – Vintilă Rădulescu ; Geo Dumitrescu, soumis à des directives politiques, estime malheureusement que le spectacle a dévié d'une ligne idéologique juste, « n'étant pas pénétré par un esprit de parti » (*Teatrul Național Cluj-Napoca*, 1994, p. 132) ;

1950, Cluj-Napoca, Teatrul Maghiar [Théâtre hongrois], *O scrisoare pierdută* [*Une lettre perdue*], metteur en scène – Szava Mihaly, avec Felszeghi Maria ;

1950, Braşov, *O noapte furtunoasă* [*Une nuit orageuse*], metteur en scène – Lascăr Sebastian, avec Eugenia Petrescu et Elena Stescu ;

1951, Cluj-Napoca, *D-ale carnavalului* [*Scènes de carnaval*], metteur en scène – Marius Oniceanu, avec Veturia Duşa, Rodica Barbu Daminescu ;

1951, Constanţa, *O scrisoare pierdută* [*Une lettre perdue*], metteur en scène – Nicolae Kiriţescu, avec Mania Antonova / Elena Zaharini ;

1951, Braşov, *O scrisoare pierdută* [*Une lettre perdue*], metteur en scène – Nic Moldovanu, avec Eugenia Petrescu ;

1954, Braşov, *D-ale carnavalului* [*Scènes de carnaval*], metteur en scène – Ion Simionescu, avec Eugenia Eftimie Petrescu et Elena Zaharini ;

1955, Teatrul Radiofonic [Théâtre Radiophonique], *Conu' Leonida faţă cu reacţiunea* [*M'sieu Léonida face à la réaction*], metteur en scène – Sică Alexandrescu, avec Sonia Cruceru ;

1958, Timişoara, *O scrisoare pierdută* [*Une lettre perdue*], metteur en scène – Horea Popescu, avec Lulu Popescu / Coca Ionescu ;

1959, Botoşani, *O noapte furtunoasă* [*Une nuit orageuse*] et *Conu' Leonida faţă cu reacţiunea* [*M'sieu Léonida face à la réaction*], metteur en scène – Alexandru Finţi et George Rafael, avec Monica Postelnicu et Adela Mărculescu (Véta et Zitza) ; Efimitza a été Smaranda Manoliu ;

1959, Cluj-Napoca, *O scrisoare pierdută* [*Une lettre perdue*], metteur en scène – Ion Dinescu ; le rôle a été joué par Rodica Daminescu ;

1959, Bârlad, *O scrisoare pierdută* [*Une lettre perdue*], metteur en scène – Nic Moldovanu, avec Mimi Creţulescu ;

1959, Bacău, *O scrisoare pierdută* [*Une lettre perdue*], metteur en scène – Victor Bumbeşti, avec trois interprètes pour le rôle féminin : Lili Urseanu, Liliana Rusu, Elvira Godeanu (qui avait interprété le rôle sur la scène du Théâtre national de Bucarest) ;

1960, Botoşani, *O scrisoare pierdută* [*Une lettre perdue*], metteur en scène – Ion Şahighian, avec Monica Postolache Roman ;

1961, Studioul IATC, *O scrisoare pierdută* [*Une lettre perdue*], metteur en scène – Ion Finteşteanu, avec Dorina Lazăr ;

1962, Teatrul Naţional din Bucureşti [Théâtre national de Bucarest], *O noapte furtunoasă* [*Une nuit orageuse*], metteur en scène – Sică

Alexandrescu ; Véta – Silvia Dumitrescu-Timică, Zitza – Eugenia Popovici ;

1962, Teatrul Național din București [Théâtre national de Bucarest], *D-ale carnavalului* [*Scènes de carnaval*], metteur en scène – Sică Alexandrescu, avec Coca Andronescu (« parfois peu intellectualisé ou trop discret » – Al. Popovici, *Teatrul*, n° 7, 1962) et Valeria Gagealov ; l'idée d'une Mitza intellectualisée mérite cependant d'être retenue ! ;

1962, Teatrul Național din București [Théâtre national de Bucarest], *Conu' Leonida față cu reacțiunea* [*M'sieu Léonida face à la réaction*], metteur en scène – Sică Alexandrescu, avec Grigore Vasiliu-Birlic ; le chroniqueur de la revue *Teatrul* (n° 7, 1962) lui reproche de recourir à des procédés comiques… *grotesques* (« il jettera une suite de jupes, pour rester dans un jupon fleuri ») ; soit dit en passant, cette solution apparaîtra dans une décennie et dans *Revizorul* [*Le Reviseur*] d'Ilie Pintilie ;

1962, Teatrul Național din București [Théâtre national de Bucarest], *O scrisoare pierdută* [*Une lettre perdue*], metteur en scène – Sică Alexandrescu ; Carmen Stănescu joue le rôle de Zoé ;

1966, Cluj-Napoca, *O noapte furtunoasă* [*Une nuit orageuse*], metteur en scène – Ioan Taub, avec Silvia Ghelan et Melania Ursu / Liliana Welther, actrices de drame et de tragédie ! ;

1966, Botoșani, *Conu' Leonida față cu reacțiunea* [*M'sieu Léonida face à la réaction*] plus *O soacră*, metteur en scène – Eugen Aron et Ștefan Moisescu ;

1967, Teatrul Nottara [Théâtre Nottara de Bucarest], *O noapte furtunoasă* [*Une nuit orageuse*], metteur en scène – George Rafael : on a beaucoup aimé Liliana Tomescu (Véta) et Melania Cârje (Zitza) ; il faut noter qu'ici Véta fait les yeux doux à… Ipingesco ! ;

1968, Studioul Casandra [Studio Casandra], *O noapte furtunoasă* [*Une nuit orageuse*], avec Gitta Popovici (Véta) et Luminița Blănaru (Zitza) ;

1968, Ploiești, *O noapte furtunoasă* [*Une nuit orageuse*], metteur en scène – Romulus Vulpescu : très bonne Margareta Pogonat (Véta), qui, par un surplus de perfidie et de ruse, a repris Kiriak ;

1969, Iași, *O noapte furtunoasă* [*Une nuit orageuse*], metteur en scène – Ion Lascăr, avec Virginia Carabin-Raiciu et Aurora Roman ;

1970, Botoșani, *D-ale carnavalului* [*Scènes de carnaval*], metteur en scène – Valeriu Moisescu, avec Dorina Păunescu et Ana Vlădescu Aron ;

1970, Braşov, *O noapte furtunoasă* [*Une nuit orageuse*] et *Conu' Leonida faţă cu reacţiunea* [*M'sieu Léonida face à la réaction*], metteur en scène – Sică Alexandrescu ; ont joué Geta Grapă et Virginia Itta Marcu / Melania Niculescu ;

1973, Arad, *O noapte furtunoasă* [*Une nuit orageuse*], metteur en scène – Gh. Miletineanu : la mise en scène commençait avec les deux personnages, Trahanaké et Ipingesco, assis sur une banquette, devant le rideau (comme dans la première version de la comédie) ; dans le rôle de Véta – Larisa Stase Mureşan; Zitza – Gabi Daicu ;

1973, Arad, *Conu' Leonida faţă cu reacţiunea* [*M'sieu Léonida face à la réaction*], metteur en scène – Gh. Miletineanu ; avec Olimpia Didilescu ;

1974, Teatrul Radiofonic [Théâtre radiophonique] – Alexa Visarion : les femmes ont été jouées par Dorina Lazăr et Mariana Mihuţ ;

1974, Braşov, *D-ale carnavalului* [*Scènes de carnaval*], metteur en scène – Romulus Vulpescu ; avec Paula Ionescu et Dona Cotrubaş ; en plus, le metteur en scène a présenté un personnage féminin, *Femeia de la cabinetul de toaletă* [*La Femme dans les toilettes*], qui, « bien qu'elle réagisse entre décrépitude et réprimande significative, a un frisson tragique » (Ionuţ Niculescu, *Teatrul*, n° 6, 1975) ;

1974, Teatrul Naţional din Bucureşti [Théâtre national de Bucarest], *Conu' Leonida faţă cu reacţiunea* [*M'sieu Léonida face à la réaction*], metteur en scène – Ion Cojar, avec Raluca Zamfirescu ;

1975, Bacău, *O noapte furtunoasă* [*Une nuit orageuse*], metteur en scène – Naé Cosmescu; avec Rodica Muşeţeanu et Doina Deleanu ;

1975, Cluj-Napoca, *O noapte furtunoasă* [*Une nuit orageuse*], metteur en scène – Aureliu Manea ; on a reproché au spectacle ses scènes d'érotisme excessif, leurs victimes étant les actrices Elena Caragiu (Véta) et Ana Maria Dominic (Zitza) ;

1976, Iaşi, *D-ale carnavalului* [*Scènes de carnaval*], metteur en scène – Anca Ovanez, avec Cornelia Gheorghiu et Liana Mărgineanu ;

1978, Bârlad, *D-ale carnavalului* [*Scènes de carnaval*], metteur en scène – Adrian Lupu et Magdalena Klein, avec Elena Petrican et Aristiţa Diamandi ; le spectacle commence par un meurtre, commis dans la salle de carnaval ; les personnages ont enlevé leurs chaussures avant de danser sur le podium ; à la fin, fatigués, tous les héros se sont endormis (idée existante dans le spectacle de Mircea Marin à Braşov) ;

1978, Cluj-Napoca, *Conu' Leonida față cu reacțiunea* [*M'sieu Léonida face à la réaction*], metteur en scène – Aureliu Manea, avec Dorel Vișan (Efimitza) ; traitement clownesque, mais il y a aussi une vague d'amertume, propre à la mise en scène de cet important metteur en scène ;

1978, Galați, *O scrisoare pierdută* [*Une lettre perdue*], metteur en scène – Nicolae Scarlat, avec Carmen Maria Strujac : « Zoé ne semble pas être au courant de ce qui se passe autour d'elle, ses ressources mentales s'avèrent très limitées » (Constantin Paiu, *Confidențe la arlechin*, Iași, Editura Junimea, 1985) ;

1979, Teatrul Național din Timișoara [Théâtre national de Timișoara], *O noapte furtunoasă* [*Une nuit orageuse*], metteur en scène – Dan Radu Ionescu : si le chroniqueur apprécie l'interprétation de Mihaela Murgu (Véta), la conclusion de la chronique est impitoyable : « Après de telles représentations, le théâtre remonte à cent ans » (Radu Anton Roman, *România literară*, n° 14, 1979) ;

1979, Teatrul de Nord din Satu-Mare [Théâtre de Nord de Satu-Mare], *D-ale carnavalului* [*Scènes de carnaval*], metteur en scène – Bogdan Ulmu. Le final propose un Candidat aveugle (« Le pharmacien m'a tué ! ») et le monde de la pièce périt, sous le plafond du salon de coiffure qui s'effondre, littéralement ; Mitza était jouée par Viorica Suciu-Tifor / Ortansa Stănescu et Didina – Doina Ioja ;

1979, Teatrul Bulandra [Théâtre Bulandra], *Conu' Leonida față cu reacțiunea* [*M'sieu Léonida face à la réaction*], metteur en scène – Dan Micu : Efimitza – Mircea Diaconu, « avec des expressions faciales habiles et de petits gestes coquets » (Valentin Silvestru, *România literară*, n° 38, 1979) ;

1979, Oradea, *O scrisoare pierdută* [*Une lettre perdue*], metteur en scène – Alexandru Colpacci, avec Simona Constantinescu. Les chroniqueurs ont regardé avec méfiance l'idée d'une Zoé plus âgée que le « coq » ; pourquoi ? ce n'est que l'une des trouvailles les moins scandaleuses des mises en scène de trois dernières décennies ! ;

1979, Teatrul Național din București [Théâtre national de Bucarest], *O scrisoare pierdută* [*Une lettre perdue*], metteur en scène – Radu Beligan, avec Tamara Crețulescu ;

1980, Botoșani, *O noapte furtunoasă* [*Une nuit orageuse*], metteur en scène – Anca Ovanez; avec Elena Ligi et Angela Luchian ; « Comment a-t-il ressenti, l'oncle Iancu, qu'à la barrière du Verg s'est arrêté le beau paysan, avec sa tête droite et ses yeux perçants, peu communicatif et est né le banlieusard qui déblatérait contre tout le monde, plein d'intrigues, d'interprétations erronées et de mensonge, prêt à vendre sa foi, sa terre et ses parents, souffrant énormément et sentant peu » (remarque la metteur en scène dans le livret-programme) ;

1980, Piteşti, *O noapte furtunoasă* [*Une nuit orageuse*], metteur en scène – Savel Stiopul. Valentin Silvestru rejette – dans *România literară*, n° 4, 1980 – l'idée d'un Titircă plus jeune que Spiridon (ne sachant pas que, dans les années à venir, l'âge n'aura plus d'importance dans de nombreuses mises en scène autochtones) ; le critique a aimé Ileana Zărnescu (Véta) ;

1980, Craiova, *Conu' Leonida faţă cu reacţiunea* [*M'sieu Léonida face à la réaction*], metteur en scène – Mircea Cornişteanu, avec Nicoleta Oancea ;

1981, Studioul de Teatru al Institutului din Târgu-Mureş [Studio de Théâtre de l'Institut de Târgu-Mureş], *O noapte furtunoasă* [*Une nuit orageuse*], metteur en scène – Constantin Codrescu ;

1981, Teatrul Maghiar Timişoara [Théâtre hongrois de Timişoara], *O scrisoare pierdută* [*Une lettre perdue*], metteur en scène – Dan Radu Ionescu, avec Kilyen Ilka ;

1982, Teatrul Petőfi, Veszprem [Théâtre Petőfi de Veszprem], *O noapte furtunoasă* [*Une nuit orageuse*], metteur en scène – Dan Micu ; Dinu Kivu a apprécié « le respect du metteur en scène pour l'esprit du théâtre de Caragiale, pour tout ce qui signifie la parenté du rire avec des pleurs » (*Teatrul*, n° 11, 1982) ; la presse hongroise a signalé la bonne interprétation de Zsuzsanna Hogye (Véta) et Zsuzsa Bartal (Zitza) ;

1982, Craiova, *O scrisoare pierdută* [*Une lettre perdue*], metteur en scène – Mircea Cornişteanu, avec Viorica Popescu-Mihail : « Zoé est, sans doute, le seul être qui garde son sang-froid, digne épouse de Trahanaké, pour qui elle n'accepte qu'une tendre affection, et maîtresse, assez froide et calculée, du préfet, qu'elle sait mettre à genoux devant son rival, Catzavenco » (Constantin Radu-Maria, *Teatrul*, n° 3, 1982) ;

1983, Turda, *O noapte furtunoasă* [*Une nuit orageuse*], metteur en scène – Ioan Pitaru, avec Maria Junghietu (Véta) et Liliana Ghiţă (Zitza) ;

1983, Botoşani, *D-ale carnavalului* [*Scènes de carnaval*], metteur en scène – Adrian Lupu ;

1984, Teatru TV [Le Théâtre TV], *O noapte furtunoasă* [*Une nuit orageuse*], metteur en scène – Sorana Coroamă-Stanca; Véta était Valeria Seciu : « Elle semble souffrir de typhoïde. Les grands yeux profonds tournent brumeux. Sa voix est faible, fanée. Elle écoute

Zitza et Spiridon à moitié absente, impatiente de retrouver sa souffrance » (Constantin Radu-Maria, *Teatrul*, n° 2, 1984) ;

1984, Craiova, *D-ale carnavalului* [*Scènes de carnaval*], metteur en scène – Mircea Cornişteanu, avec Iosefina Stoia / Rodica Radu (Mitza – « une féminité tardive » – Patrel Berceanu, *Teatrul*, n° 6, 1984) et Mirela Cioabă (Didina – « des prétentions de femme aux manières » – *ibidem*) ;

1984, Piteşti, *D-ale carnavalului* [*Scènes de carnaval*], metteur en scène – Mihai Lungeanu, avec Julieta Strâmbeanu et Mirela Busuioc ;

1984, Reşiţa, *D-ale carnavalului* [*Scènes de carnaval*], metteur en scène – Mihai Manolescu, avec Luminiţa Stoianovici et Constanţa Taraulea ;

1984, Institutul de Teatru Tg. mûreş [Institut de Théâtre de Tg. mûreş], *Conu' Leonida faţă cu reacţiunea* [*M'sieu Léonida face à la réaction*], metteur en scène – Lohinszki Lorand, avec Biro Joszef. La femme ne fait pas attention au discours de son mari, attendant qu'il s'endorme rapidement, pour qu'elle puisse courir vers… son amant qui l'attend dehors ! ;

1984, Ploieşti, *D-ale carnavalului* [*Scènes de carnaval*], metteur en scène – Dragoş Galgoţiu, avec Dana Bolintineanu (« une combinaison d'anxiété et de crise érotique » – Marian Popescu, *Teatrul*, n° 6, 1984) et Ecaterina Nazare ;

1985, Teatrul Naţional Bucureşti [Théâtre national de Bucarest], *D-ale carnavalului* [*Scènes de carnaval*], metteur en scène – Sanda Manu ; Mitza – Ecaterina Nazare (« elle fait frissonner le barbier et le compagnon ; l'actrice insinue et souligne une caractéristique étrange et légèrement diabolique du rôle » – Marian Popescu, *Teatrul*, n° 3, 1985) et Ioana Bulcă – Didina ; c'était l'une des rares distributions dans lesquelles les âges des actrices sont inversés ;

1985, Târgu-Mureş, *D-ale carnavalului* [*Scènes de carnaval*], metteur en scène – Mircea Cornişteanu, avec Livia Doljan (« elle a des accès furibonds difficiles à calmer, mais aussi une ruse perverse dans l'obstination avec laquelle elle veut défigurer son amant » – Constantin Radu-Maria, *Teatrul*, n° 2, 1986) et Cristina Pardanschi ;

1985, Sibiu, *D-ale carnavalului* [*Scènes de carnaval*], metteur en scène – Matei Varodi, avec Kitty Stroescu et Anişoara Popa ;

1987, Oradea, *O noapte furtunoasă* [*Une nuit orageuse*], metteur en scène – Laurian Oniga. Anca Miere Chirilă a été Véta (« soupirant avec sincérité et timbre de contralto, dans un amour tourmenté, charnel et passionné » – Doina Modola, *Teatrul*, n° 4, 1988) ;

1987, Bacău, *D-ale carnavalului* [*Scènes de carnaval*], metteur en scène – Mircea Cornişteanu, avec Cătălina Murgea et Doina Iacob ;

1987, Craiova, *O scrisoare pierdută* [*Une lettre perdue*], metteur en scène – Mircea Cornişteanu, avec Tamara Popescu ;

1988, Giurgiu, *O noapte furtunoasă* [*Une nuit orageuse*], metteur en scène – Petru Ionescu, avec Anca Alecsandra et Mirela Nicolau. Ici, « Véta n'est plus tourmentée par aucune migraine ; c'est une femme froide, contrôlée, voire méchant, qui sait contrôler son entourage » (Constantin Radu-Maria, *Teatrul*, n° 4, 1988) ;

1988, Bacău, *O scrisoare pierdută* [*Une lettre perdue*], metteur en scène – Radu Beligan, avec Ioana Ene ;

1989, Chişinău, *O scrisoare pierdută* [*Une lettre perdue*], metteur en scène – Iurie Pâslaru ; il y avait de nombreuses cages avec des perroquets sur la scène, et le mobilier était également peint, comme les plumes d'un oiseau ;

1990, Brăila, *D-ale carnavalului* [*Scènes de carnaval*], metteur en scène – Mihai Lungeanu; Mitza était Liliana Ghiţă, et Didina – Ildy Năstase ;

1990, Studioul UNATC [Le Studio UNATC], *D-ale carnavalului* [*Scènes de carnaval*], metteur en scène – Ion Cojar ; avec Oana Ioachim et Lamia Beligan ;

1991, Braşov, *O noapte furtunoasă* [*Une nuit orageuse*], metteur en scène – Mihai Manolescu, avec Virginia Itta Marcu et Viorica Geantă-Chelbea ;

1992, Botoşani, *O noapte furtunoasă* [*Une nuit orageuse*], metteur en scène – Ioan Bordeianu ;

1993, Teatrul Satiricus, Chişinău [Théâtre Satiricus de Chişinău], *Conu' Leonida faţă cu reacţiunea* [*M'sieu Léonida face à la réaction*], metteur en scène – Sandu Grecu, avec Paulina Potângă ; un personnage surprenant apparaît sur la liste des acteurs – la Peur ;

1994, Iaşi, *D-ale carnavalului* [*Scènes de carnaval*], metteur en scène – Emil Coşeru, avec Puşa Darie / Doina Deleanu et Tatiana Zavialova / Irina Mititelu ;

1994, Cluj-Napoca, *Conu' Leonida faţă cu reacţiunea* [*M'sieu Léonida face à la réaction*], metteur en scène – Anton Tauf, avec Maria Seleş ;

1995, Botoşani, *Conu' Leonida faţă cu reacţiunea* [*M'sieu Léonida face à la réaction*], metteur en scène – Florin Zamfirescu. Efimitza était Ion Apostoliu ; fait intéressant, Safta était aussi un travesti – Orodel Olaru ;

1997, Baia Mare, *O noapte furtunoasă* [*Une nuit orageuse*], metteur en scène – Anton Tauf. Véta était jouée par Dana Ilie, et Zitza, pleine de charme – non caché au public, l'appétissante Nicoleta Bolcă ; il est dommage que le spectacle regorge, comme disent les critiques, d'infantilismes du metteur en scène ! ;

1997, Piteşti, *D-ale carnavalului* [*Scènes de carnaval*], metteur en scène – Laurian Oniga, avec Luminiţa Borta et Ioana Chiriţă ;

1997, Studioul UNATC [Studio UNATC], *O scrisoare pierdută* [*Une lettre perdue*], metteur en scène – Ion Cojar, avec Eugenia Şerban ;

1998, Brăila, *O noapte furtunoasă* [*Une nuit orageuse*], metteur en scène – Mircea Daneliuc ; avec Liliana Ghiţă et Monica Zugravu ;

1998, Buzău, *D-ale carnavalului* [*Scènes de carnaval*], metteur en scène – Şerban Puiu, avec Marilena Chelaru et Nadiana Sălăgean ; « un retour à la joie, à la sincérité et à la sérénité » (Ileana Berlogea, *Scena*, n° 8, 1998) ;

1998, Braşov, *Conu' Leonida faţă cu reacţiunea* [*M'sieu Léonida face à la réaction*], metteur en scène – Claudiu Goga, avec Adrian Răţoi ; « *Cocoana* est d'accord avec Leonida, mais avec une ironie et un léger accent de moquerie dans sa voix » (Ileana Berlogea, *Scena*, n° 10, 1998) ;

1999, Nottara, *D-ale carnavalului* [*Scènes de carnaval*], metteur en scène – Horaţiu Mălăele ; les femmes étaient Victoria Cociaş et Ada Navrot ; « on rit de tout cœur – l'appétit vient en mangeant, même si on ne vous propose pas toujours la meilleure nourriture » (*Avantaje*, n° 8, 1999) ; on remarque, d'après une autre chronique, que le maquillage de Mitza suggérait « un masque de clown triste », qu'il ne fallait pas négliger ;

1999, Giurgiu, *D-ale carnavalului* [*Scènes de carnaval*], metteur en scène – Ion Mircioagă, avec un décor inspiré des publicités vintage ; on a remarqué l'interprétation de Mitza, Mirela Nicolau, « pathétique, pleine d'énergie, le genre qui déplace les montagnes d'un endroit à l'autre » (Cristina Modreanu, *Teatrul azi*, n° 12, 1999) ;

1999, Botoşani, *O scrisoare pierdută* [*Une lettre perdue*], metteur en scène – Ion Sapdaru. Zoé a été Narcisa Vornicu – crédible, « lorsqu'elle n'est pas obligée de crier et de faire une crise d'hystérie » (*Teatrul azi*, n° 3, 2000) ; mais on trouve aussi une référence intéressante, à partir de laquelle des aperçus profonds de l'approche des acteurs peuvent être déduits : « N. Steinhardt aurait aimé cette sagesse de Narcisse-Zoé : celle qui pardonne spontanément, à partir des bonnes pensées de la femme amoureuse, pressentant l'opportunité de mettre fin à la crise... » (Sebastian-Vlad Popa, *Scena*, n° 2, 2000) ;

1999, Satu Mare, *O scrisoare pierdută* [*Une lettre perdue*], metteur en scène – Cristian Ioan. Zoé (Paula Chirilă) était... la femme-sirène ! (dans l'acte II, elle était assise dans la baignoire transparente de la salle de bains du préfet et regardait l'action, vêtue d'une robe... avec des écailles !) ;

2000, Teatrul Luceafărul, Iaşi [Théâtre Luceafărul de Iaşi], *O noapte furtunoasă* [*Une nuit orageuse*], metteur en scène – Ion Ciubotaru. Véta – Doina Iarcuczewicz; Zitza – Liliana Mavriş Vârlan ;

2000, UNATC, *O noapte furtunoasă* [*Une nuit orageuse*], metteur en scène – Radu Nichifor, avec Cristiana Răduţă (Véta) et Anca Sigartău (Zitza). La mise en scène proposait, entre autres, un « Spiridon issu d'une autre dimension temporelle, avec un *quoi* démoniaque, se moquant en permanence des autres acteurs » (Cristina Modreanu, *Adevărul literar şi artistic*, 28 mars 2000) ;

2000, Tulcea, *D-ale carnavalului* [*Scènes de carnaval*], metteur en scène – Ion Dore, avec Veronica Gheorghe et Loretta Negruţă ;

2000, Teatrul Naţional Chişinău [Théâtre national de Chişinău], *O scrisoare pierdută* [*Une lettre perdue*], metteur en scène – Mihai Fusu. Zoé était Angela Ciobanu (opulente, habillée de rose) ; entre autres surprises – Trahanaké pédalant sur un vélo médical, suivi par la statue... d'Étienne le Grand – la mise en scène propose aussi un personnage féminin important – *Madame*... Catzavenco ! ;

2000, Giurgiu, *O scrisoare pierdută* [*Une lettre perdue*], metteur en scène – Mihai Manolescu. Violeta Creţu a souligné non seulement la capacité histrionique de l'héroïne, « mais aussi sa méchanceté. Zoé est prête à frapper, surtout ceux qui la servent – Pristanda, Le Citoyen ivre » (Ileana Berlogea, *Teatrul azi*, n° 5, 2000) ;

2000, Oradea, *Conu' Leonida faţă cu reacţiunea* [*M'sieu Léonida face à la réaction*], metteur en scène – Alina Hristea, avec Ileana Iurciuc. Le spectacle propose une mise à jour, Efimitza se comportant comme l'épouse d'un analyste politique important ; on est étonné quand on découvre que Léonida devait être, « dans un prologue qui manque de logique, un président qui semblait être vraiment... Emil Constantinescu », puis il s'est refermé dans un buste de... Ion Iliescu ! (Elisabeta Pop, *Teatrul azi*, n° 5, 2000) ; il semble que les textes du grand dramaturge deviennent parfois de simples livrets de revue ou de vaudeville politique ;

2000, Iaşi, Centrul de Exploatare a Inteligenţei [Centre d'Exploitation de l'Intéligence] (sic), *Conu' Leonida faţă cu reacţiunea* [*M'sieu Léonida face à la réaction*], metteur en scène – Ion Mânzatu, avec Monia Pricopi ;

2001, Giurgiu, *O noapte furtunoasă* [*Une nuit orageuse*], metteur en scène – Mihai Manolescu. Véta a été jouée avec modération de Mirela Nicolau ;

2001, Studioul UNATC, spectacle de fin des études, *D-ale carnavalului* [*Scènes de carnaval*], avec Domniţa Iscru et Ada Simionică ;

2001, UNATC, *Conu' Leonida faţă cu reacţiunea* [*M'sieu Léonida face à la réaction*], avec Marius Rizea ;

2001, Iaşi, *O scrisoare pierdută* [*Une lettre perdue*], metteur en scène – Virgil Tănase, avec Doina Deleanu dans le rôle de Zoé (« la plus touchée par la vision du metteur en scène : dans cette version, elle a perdu ses qualités de chef de l'ombre » – Oltiţa Cîntec, *Cronica*, n° 11, 2001) ;

2002, Timişoara, *D-ale carnavalului* [*Scènes de carnaval*] avec des scènes de *Conu' Leonida faţă cu reacţiunea* [*M'sieu Léonida face à la réaction*], metteur en scène – Ioan Ieremia. Mitza a été Luminiţa Tulgara, Didina – Claudia Ieremia, et Efimitza – Luminiţa Stoianovici ;

2002, Râmnicu Vîlcea, *O noapte furtunoasă* [*Une nuit orageuse*], metteur en scène – Doina Migleczi ;

2002, Teatrul Naţional din Bucureşti [Théâtre National de Bucarest], *D-ale carnavalului* [*Scènes de carnaval*], metteur en scène – Gelu Colceag. Les femmes ont tenu des rôles qu'on a aimés – Cecilia Bîrbora et Corina Dănilă, mais « l'impression générale est celle de récitals sporadiques dans une parodie qui alterne le grotesque avec des stridences » (C. Paraschivescu, *Teatrul azi*, n° 11, 2002) ; on se demande si une comédie peut vraiment être parodiée ? ; pas vraiment ! ;

2002, Arad, *O noapte furtunoasă* [*Une nuit orageuse*], metteur en scène – Ion Mircioagă ;

2002, Cluj-Napoca, l'année terminale de la Faculté de théâtre, *D-ale carnavalului* [*Scènes de carnaval*], metteur en scène – Miriam Cuibus et Mona Chirilă. Nora Kiriak (Didina) « donne au personnage un visage ennuyé/confus » (Nora Colţea, *Apostrof*, n° 5, 2002) ;

2002, Petroșani, *O noapte furtunoasă* [*Une nuit orageuse*], metteur en scène – Zoltan Shapira ;

2002, Botoșani, *D-ale carnavalului* [*Scènes de carnaval*], metteur en scène – Ion Sapdaru. Olina Stratin a été Mitza, bonne, mais elle… avait parfois des accents moldaves ; Daniela Bucătaru était Didina ;

2002, Târgu Jiu, *O noapte furtunoasă* [*Une nuit orageuse*], metteur en scène – Marian Negrescu ;

2002, Casa de Cultură « N. Bălcescu » din București [La Maison de Culture « N. Bălcescu » de Bucarest] (*sic*), *O noapte furtunoasă* [*Une nuit orageuse*], metteur en scène – Teodora Câmpineanu. Production appréciée par les chroniqueurs pour son équilibre orienté vers la modernisation. Ici, comme à Târgu-Mureș, la fin présentait… des violoneux. Bonnes interprétations des sœurs : Luminița Erga et Alina Berzunțeanu ;

2002, Craiova, *D-ale carnavalului* [*Scènes de carnaval*], metteur en scène – Mircea Cornișteanu, avec une excellente Mitza (Mirela Cioabă) ; comme nouveauté, à un moment donné, les femmes semblent accepter un… *ménage à trois* ! ;

2002, Craiova, *Conu' Leonida față cu reacțiunea* [*M'sieu Léonida face à la réaction*], en combinaison avec *Delir în doi* [*Délire en deux*] (poursuivant, après des décennies, l'initiative de Valeriu Moisescu de Teatrul Mic) ; metteur en scène – Bogdan Cioabă. Efimitza (Iulia Lazăr) trompe son mari, juste sous ses yeux, avec… Naé Ipingesco ! ;

2002, Oradea, *D-ale carnavalului* [*Scènes de carnaval*], metteur en scène – Ion Sapdaru, avec Elvira Platon-Râmbu et Mariana Presecan ;

2002, Teatrul TV [Théâtre TV], *D-ale carnavalului* [*Scènes de carnaval*], metteur en scène – Dominic Dembinski, avec Emilia Popescu (« plus intelligente, les interprètes ont parfois pensé que c'était le personnage », Doina Papp, *Observatorul cultural*, 2 août 2002) et Cătălina Mustață ;

2002, Cluj-Napoca, *Conu' Leonida față cu reacțiunea* [*M'sieu Léonida face à la réaction*] et *Ubu Rege*, metteur en scène – Mona Chirilă, avec Adrian Cucu. « Efimitza, pleurante, effrayée, terrorisée, consciente de l'ascendant intellectuel et physique du Mon Chou, mais toujours prête à se métamorphoser sous l'impact de la politique » (Mircea Morariu, *Familia*, n° 10, 2002) ; autre chronique : « Madame Efimitza (angélique-larmoyant-stupide-homme) » (Anca Hațiegan, *Steaua*, n° 10, 2002) ;

2003, Reşiţa, *O noapte furtunoasă* [*Une nuit orageuse*], metteur en scène – Mihai Lungeanu, avec Mălina Petre et Marica Herman ;

2003, Teatrul Naţional din Bucureşti [Théâtre national de Bucarest], *O scrisoare pierdută* [*Une lettre perdue*], metteur en scène – Grigore Gonţa, avec Tania Popa (« l'actrice doit se demander elle-même ce que l'auteur voulait pour ce rôle » – Cristina Modreanu, *Adevărul literar şi artistic*, 22 avril 2003) ;

2003, Târgu Mureş, *Conu' Leonida faţă cu reacţiunea* [*M'sieu Léonida face à la réaction*], metteur en scène – Cristian Ioan, avec Ion Fiscuteanu (travesti). La mise en scène, plus que controversée, proposait également des héros ahuris dans ce contexte, tels que… la Roumanie brisant ses menottes, Garibaldi, Ţepeş, Mihai Viteazul, Cuza… ; la Roumanie révolutionnaire flirtait… avec Léonida ; Efimiţza attaque érotiquement Garibaldi ; Ţepeş coupait ses veines, ne tolérant plus Efimitza et d'autres ;

2003, Fundaţia Teatru Deschis [La Fondation Théâtre Ouvert], *Conu' Leonida faţă cu reacţiunea* [*M'sieu Léonida face à la réaction*], mise en scène collective, avec Cristian Creţu (Léonida) et Marius Rizea (Efimitza) ;

2004, Constanţa, *D-ale carnavalului* [*Scènes de carnaval*], metteur en scène – Andrei Mihalache, avec Dana Dumitrescu et Laura Iordan. Le chroniqueur du journal *Dobrogea* nous informe, nous étonnant un peu : « le début de l'acte II contient des danses rituelles autour d'un énorme phallus, avec un Cupidon au sommet » ; peu importe… ;

2004, Bacău, *D-ale carnavalului* [*Scènes de carnaval*], metteur en scène – Dumitru Lazăr Fulga. Firuţa Apetrei était Mitza (« pas une canne, mais une petite canne agitée »), et Florina Găzdaru, Didina ; parmi les nombreuses bizarreries qui se sont déroulées, au fil du temps, sous le bord du chapeau de Caragiale, on en trouve ici une à laquelle personne ne peut répondre : dans la scène du bal, un masque parle… le russe ! ;

2004, Teatrul Bulandra [La Fondation Théâtre Ouvert], *Conu' Leonida faţă cu reacţiunea* [*M'sieu Léonida face à la réaction*], metteur en scène – Yuri Kordonski, avec Mariana Mihuţ. Il faut signaler que c'est le premier spectacle avec cette pièce dans laquelle il n'y a pas de lit ! Les héros somnolent sur leurs sièges ! ;

2005, Studioul Casandra [Le Studio Casandra], *O noapte furtunoasă* [*Une nuit orageuse*], avec une Zitza exceptionnelle, affirment les chroniqueurs – Raluca Tudorache ;

2005, Teatrul Național din București [Théâtre National de Bucarest], *O noapte furtunoasă* [*Une nuit orageuse*], metteur en scène – Toma Enache. Spectacle défectueux, qui s'appuie sur... l'origine non roumaine de l'auteur ;

2005, Penitenciarul din Iași [Le pénitencier d'Iași], *O noapte furtunoasă* [*Une nuit orageuse*]. On retient la production car elle propose un travesti en... Véta ;

2006, Studioul UNATC [Le Studio UNATC], *O scrisoare pierdută* [*Une lettre perdue*], metteur en scène – Doru Ana. Les personnages venaient *d'aujourd'hui* même et... *non* d'une ville de montagne... ;

2007, Ploiești, *D-ale carnavalului* [*Scènes de carnaval*], metteur en scène – Lucian Sabados ;

2008, Teatru independent bucureștean [Théâtre indépendant de Bucarest (sans un nom sur l'affiche !], *O noapte furtunoasă* [*Une nuit orageuse*], metteur en scène – Gelu Colceag, avec des acteurs connus et un niveau artistique de... « Vacanța mare » d'amateur de théâtre. « Mardi, le 18 mars, à Casa de Cultură a Studenților [la Maison de la Culture des Etudiants], on a tué Caragiale » (Andreea Archip, *Opinia*, 24 mars 2008) ; dommage que Véta était Maia Morgenstern ! On se console cependant en pensant que l'oncle Iancu n'est pas si facile à tuer ! ;

2008, Petroșani, *O scrisoare pierdută* [*Une lettre perdue*], metteur en scène – Cristian Ioan, avec Nicoleta Bolcă (« elle fait des yeux doux à tous les hommes, mais elle le fait de manière populaire et cohérente, avec un teinte de vulgarité qui la distingue des interprétations précédentes » – Mircea Ghițulescu, *Convorbiri literare*, n° 10, 2008) ;

2008, Bacău, *Conu' Leonida față cu reacțiunea* [*M'sieu Léonida face à la réaction*], metteur en scène – Dumitru Lazăr Fulga. Efimitza était Dana Olariu, « une femme frustrée, toujours spectatrice et fan ; et en plus victime, parce que le libertin fossilisé la trompe avec Safta ! » (Carmen Mihalache, *Ateneu*, n° 3, 2008) ;

2009, Teatrul Tudor Mușatescu Toronto, [Théâtre Tudor Mușatescu de Toronto], *O noapte furtunoasă* [*Une nuit orageuse*], metteur en scène – Stelian Constantin ;

2009, Teatrul Popular București [Théâtre populaire de Bucarest], *D-ale carnavalului* [*Scènes de carnaval*], metteur en scène – Dan Tudor, avec Adriana Trandafir, Maia Morgenstern / Magda Catone. Il est surprenant que Romică Țociu et Cornel Palade figurent également dans des rôles *principaux* sur l'affiche !

Conclusions

Pour élaborer une analyse complexe et nuancée des personnages féminins de Caragiale, on a considéré qu'une documentation approfondie était appropriée. Tout d'abord, on a analysé les chroniques dramatiques des spectacles de Caragiale ; puis on a jugé indispensables de prendre en compte les histoires du théâtre et, surtout, les volumes synthétiques ayant pour sujet les représentations des pièces de Caragiale ; on a également fait appel aux témoignages enregistrés des comédiens et des metteurs en scène (souvenirs, interviews, notes) et à la réalisation de cahiers de la mise en scène, travaux spéciaux dédiés au spectacle de Caragiale.

Pour l'évolution et la spécialisation d'un jeune comédien, on a considéré important de se concentrer sur l'analyse des créations dramatiques dans le rôle de spectacle, des premières représentations aux approches contemporaines. On a donné un espace plus large aux représentations des pièces de l'auteur au XXe siècle, parce qu'on a voulu mettre en évidence, avec le plus de détails possible, la manière dont la création dramatique et celle de la mise en scène de Caragiale ont marqué l'ère de la modernisation du théâtre roumain.

Ce qui a caractérisé sans doute cette époque, ce sont les modalités d'interprétation scénique. On a aussi jugé nécessaire de présenter cette période, parce que, comme il résulte des témoignages des metteurs en scène jusqu'à la Seconde Guerre mondiale, les visions scéniques étaient en permanence liées à la perspective originaire sur les textes de Caragiale. Même si, avec le temps, le modèle de l'auteur s'estompe, celui-ci reste un repère constant dans les approches scéniques, même en le niant.

Suivre l'évolution qu'a connue la création dramatique de Caragiale sur les scènes des théâtres roumains m'a conduite à la conclusion suivante : **toute rencontre avec une pièce de théâtre ou un rôle dans les pièces du dramaturge roumain signifie une véritable école d'art dramatique et de théâtrologie en général.** La solide maîtrise des notions théoriques et l'analyse minutieuse des créations artistiques réalisées avec les pièces de Ion Luca Caragiale m'ont servi de fondement pour la création de la partie pratique de ce travail, rendue visuellement, sur support électronique.

La difficulté d'interpréter les quatre personnages féminins : Véta, Mitza, Zoé et Zitza, qui ont des points d'interférence à certains endroits, consiste à différencier leurs traits de caractère et leurs tempéraments. Je déclare et réaffirme le but de ma démarche : une seule actrice joue quatre personnages de Caragiale. Le souci principal a été de rechercher les nuances que l'on retrouve dans le geste, la parole, en un mot, dans une attitude. Cependant, je n'ai pas eu recours à des solutions radicales et n'ai pas cherché à tout prix l'originalité.

Je pourrais même dire que j'ai gardé la ligne d'une approche interprétative traditionnelle et que je n'ai pas cherché le nouveau à tout prix, essayant de reproduire le texte le plus fidèlement possible et de respecter la conception de Caragiale sur le théâtre. Ainsi, j'ai réalisé un travail composé de deux parties : la première, théorique, la seconde, pratique, qui se complètent et s'harmonisent entre elles et reflètent ma compréhension de la déclaration de Ion Luca Caragiale sur sa manière de se positionner dans le monde : « je sens énormément et je vois monstrueusement ».

Bibliografie / Bibliographie

L'Œuvre

Caragiale, Ion Luca, *Opere*, vol. I-VII, ediție îngrijită de Paul Zarifopol și Șerban Cioculescu, București, Fundația pentru Literatură și Artă, 1930-1942.

Caragiale, Ion Luca, *Opere*, vol. I-IV, ediție îngrijită de Al. Rosetti, Șerban Cioculescu și Liviu Călin, introducere de Silvian Iosifescu, București, Editura de Stat pentru Literatură și Artă, 1959-1965.

Caragiale, Ion Luca, *Œuvres*, Bucarest, Paideia, 2005.

Caragiale, Ion Luca, *Théâtre*, Paris, L'Arche, 1994.

Références critiques

Alexandrescu, Sică, *Amintiri despre Caragiale*, București, Minerva, 1972.

Alexandrescu, Sică, *Tovarășul meu de drum, tutunul. Noi și vechi despre Caragiale*, București, Eminescu, 1973.

Andreescu Margareta, *Teatrul proletar în România*, București, Meridiane, 1988.

Aristotel, *Poetica*, ediția a III-a îngrijită de Stela Petecel, studiu introductiv, traducere și comentarii de D. M. Pippidi, București, Iri, 1998.

Artaud, Antonin, *Teatrul și dublul său urmat de Teatrul lui Séraphim și de Alte texte despre teatru*, ediție îngrijită de Marian Papahagi, în româneşte de Voichiţa Sasu şi Diana Tihu-Suciu, postfaţă şi selecţia textelor de Ion Vartic, Cluj-Napoca, Echinox, 1997.

Artaud, Antonin, *Le théâtre et son double*, Paris, Gallimard, 1964.

Banu, George, *Ultimul sfert de secol teatral. O panoramă subiectivă*, traducere de Delia Voicu, Bucureşti, Paralela 45, 2003.

Bălănescu, Sorina, *Simple propoziţii. Încercări de poetică*, Iaşi, Editura Universităţii «Alexandru Ioan Cuza», 1994.

Berlogea, Ileana, *Teatrul şi societatea contemporană. Experienţe dramatice şi scenice ale anilor '60-'80*, Bucureşti, Meridiane, 1985.

Bouquet, Michel, *La Leçon de comédie*, Paris, Maisonneuve et Larose, 1997.

Bonnefoy, Claude, *Entretiens avec Eugène Ionesco*, Paris, Pierre Belfond, 1966.

Brook, Peter, *Le Diable c'est l'ennui. Propos sur le théâtre*, Arles, Actes Sud, 1991.

Cazaban, Ion, *Caragiale şi interpreţii săi. Un secol de reprezentare pe scenele româneşti*, Bucureşti, Meridiane, 1985.

Cazimir, Ştefan, *Caragiale. Universul comic*, Bucureşti, Editura pentru Literatură, 1967.

Călinescu, Al., *Caragiale sau vârsta modernă a literaturii*, Bucureşti, Albatros, 1976.

Călinescu, G., *Domina bona*, în *Pagini de estetică*, antologie, prefaţă, note şi bibliografie de Doina Rodina Hanu, Bucureşti, Albatros, 1990, pp. 137-184.

Chekhov, Michael, *Être acteur, méthode psychophysique du comédien*, Paris, Olivier Perrin, 1967.

Cioculescu, Şerban, *Caragialiana*, ediţie îngrijită de Barbu Cioculescu, Bucureşti, Albatros, 2003.

Cocora, Ion, *Privitor ca la teatru*, vol. III, Cluj-Napoca, Dacia, 1982.

Comarnescu, Petru, *Scrieri despre teatru*, Iaşi, Junimea, 1977.

Condeescu, Alexandru, *Planeta Moft*, Bucureşti, Cartea Românească, 1997.

Constantinescu, Ioan, *Caragiale şi începuturile teatrului european modern*, Bucureşti, Minerva, 1974.

Cubleşan, Constantin, *Caragiale în conştiinţa critică*, Oradea, Cogito, 2000.

DEX. Dicționarul explicativ al limbii române. Ediția a II-a. Academia Română. Institutul de Lingvistică « Iorgu Iordan », București, Univers Enciclopedic, 1996.

Dicționarul general al literaturii române, C-D, București, Univers Enciclopedic, 2004, pp. 58-71 [Florin Faifer].

Ducrot, Oswald et Schaeffer, Jean-Marie, *Nouveau dictionnaire encyclopédique des sciences du langage,* Paris, Seuil, 1972.

Elvin, B., *Modernitatea clasicului Caragiale,* București, Editura pentru Literatură, 1967.

Faifer, Florin, *Incursiuni în istoria literaturii dramatice românești, Regăsiri,* prefață de Mircea Ghițulescu, Iași, Universitas XXI, 2008.

Fanache, V., *Caragiale,* ediția a III-a, adăugită, Cluj-Napoca, Dacia, 2002.

Ibrăileanu, G., *Studii literare,* ediție îngrijită și prefață de Savin Bratu, București, Tineretului, 1957.

Ionesco, Eugène, *Notes et contre-notes,* Paris, Gallimard, 1962,

Ionesco, Eugène, *Entre la vie et le rêve,* Paris, Belfond, 1977.

Iordan, Iorgu, *Limba eroilor lui I.L. Caragiale,* București, Societatea de Științe Istorice și Filologice, 1955.

Iorga Nicolae, *Istoria literaturii românești contemporane,* București, Minerva, 1934.

Iorgulescu, Mircea, *Eseu despre lumea lui Caragiale,* București, Cartea Românească, 1988.

Iorgulescu, Mircea, *Marea trăncăneală,* București, Fundației Culturale Române, 1994.

Jankelevitch, Vladimir, *Ironia*,traducere din limba franceză de Florica Drăgan; traducere din limba franceză și Postfață de V.Fanache, Cluj-Napoca, Dacia, 1994.

Les Critiques de notre temps et Ionesco, Paris, Garnier, 1973.

Lovinescu, E., *Caragiale, comediile sale,* dans *I.L. Caragiale,* studiu introductiv, antologie, tabel cronologic și bibliografie de Liviu Călin, București, Eminescu, 1974, pp. 84-92.

Marino, Adrian, *Dicționar de idei literare,* București, Eminescu, 1973.

Maiorescu, Titu, *Comediile d-lui Caragiale,* dans *Opere,* vol. II, ediție, note, comentarii, variante, indice de Georgeta Rădulescu-Dulgheru și Domnica Filimon, note și comentarii de Alexandru George și Al. Săndulescu, București, Minerva, 1984.

Manolescu, Florin, *Caragiale și Caragiale*, București, Cartea Românească, 1983.

Munteanu, Elisabeta, *Tinerețea actorilor*, București, Meridiane, 1988.

Negrea, Gelu, *Caragiale, marele paradox*, București, Cartea Românească, 2012.

Oprea, Ștefan, *Chipuri și măști*, Iași, Cronica, 1996.

Paiu, Constantin, *Confidențe la arlechin*, Iași, Junimea, 1985.

Paleologu, Alexandru, *De la Caragiale la Eugen Ionescu și invers*, dans *Spiritul și litera*, București, Eminescu, 1970.

Papadima, Liviu, *Caragiale, firește*, București, Fundației Culturale Române, 1999.

Ralea, Mihai, *Scrieri*, vol. II, București, Minerva, 1977.

Silvestru, Valentin, *Elemente de caragialeologie*, București, Eminescu, 1979.

Stanca, Radu, *Acvariu*, Cluj-Napoca, Dacia, 1971.

Stanislavski, Constantin, *La formation de l'acteur*, Paris, Payot & Rivages, 2001.

Tomuș, Mircea, *Opera lui I. L. Caragiale*, București, Minerva, 1977.

Tomuș, Mircea, *Pentru un alt Caragiale*, București, Academiei Române, 2012.

Ulmu, Bogdan, *Mic dicționar Caragiale*, Iași, Cronica, 2001.

Ulmu, Bogdan, *Dicționar de personaje din teatru*, Iași, Timpul, 2002.

Vartic, Ion, *Clanul Caragiale*, Cluj-Napoca, Biblioteca Apostrof, 2002.

Vartic, Ion, *Modelul și oglinda*, București, Cartea Românească, 1982.

Vianu, Tudor, *Studii de literatură română*, București, Didactică și Pedagogică, 1965.

Vianu, Tudor, *Aspecte ale limbii și stilului lui I.L. Caragiale*, dans *Opere*, vol. V, *Studii de stilistică*, antologie, note și postfață de Sorin Alexandrescu, text stabilit de Cornelia Botez, București, Minerva, 1975, pp. 501-526.

Vodă Căpușan, Maria, *Despre Caragiale*, Cluj-Napoca, Dacia, 1982.

Zaciu, Mircea, Papahagi, Marian, Sasu, Aurel, *Dicționarul scriitorilor români, A-C*, București, Fundației Culturale Române, pp. 453-462 [Florin Manolescu].

Annexe

Considérations sur l'expérience de l'acteur dans les rôles des personnages féminins des comédies de Caragiale

Dans la partie pratique de ma démarche, j'ai abordé quatre scènes, représentatives pour les personnages féminins qui font partie des *dramatis personae* [personnages du drame] de trois des comédies de Caragiale : *O noapte furtunoasă* [*Une nuit orageuse*], *D-ale carnavalului* [*Scènes de carnaval*] et *O scrisoare pierdută* [*Une lettre perdue*].

Les quatre héroïnes vivent dans des univers distincts. Bien qu'elles répondent à un partenaire réel (comme dans la scène entre Véta et Zitza) ou à un partenaire imaginaire (Véta et Kiriak), le jeu reste le même, la manière d'interprétation ne change pas. J'ai souligné ce fait à travers un détail technique : les personnages ne se regardent pas directement, mais on a l'impression qu'ils se parlent par des intermédiaires ou, plus encore, qu'ils ne s'écoutent pas. Au niveau de la perception, le spectateur a une impression d'incohérence, de décalage.

La difficulté d'incarner les quatre personnages, qui, bien sûr, s'apparentent ici ou là, est la différenciation des traits de caractère. Je n'ai cependant pas fait appel à des solutions radicales. Si j'avais choisi cette voie, le danger aurait été de réduire l'interprétation à la schématisation. Je ne pense pas que c'était le cas. Dire que j'ai vu Véta comme une tragédienne ou Zoé comme une femme tirant les ficelles non seulement dans la « capitale d'un comté de montagne » serait simpliste. Chaque fois, j'ai cherché à utiliser une gamme d'émotions, de gestes, aussi diversifiée que possible, et j'ai cultivé une certaine imprécision dans les intentions des dames de M. Caragiale. Imprécision cherchée, qui conduit à l'ambiguïté et, extrapolant, même à l'impression d'incommunicabilité. Je trouve utile le processus d'analyse scénique. Comme on le verra ci-dessous...

Véta

Au-delà de la possible image soi-disant tragique, j'ai donné à Véta un air fané, de femme au foyer, dans une tenue banale et négligée. Le nom de famille Vetusta (Véta Vetusta !) lui va bien, et son occupation toujours domestique (par exemple, coudre) nous permet de croire que, dans son micro-univers limité, seuls ceux qui lui ressemblent peuvent entrer.

La rencontre entre Zitza et Véta a lieu dans le jardin de la maison de Véta, car, dans son rapport à l'espace, en tenant compte de la façon dont elle suit du regard Kiriak, on se rend compte que les lieux lui sont familiers. Tout au long de la visite de sa sœur, Véta cache ses inquiétudes au sujet de l'affaire extraconjugale, à travers ses gestes domestiques habituels, en espérant qu'elle ne fera que faire partir Zitza. On a l'impression que les deux types de femmes font partie de mondes parallèles et pourtant elles vivent dans la même banlieue. Ayant une vitalité modérée par rapport à celle de Zitza, Véta ne semble pas du tout hospitalière, mais est plutôt dérangée par la présence de Zitza. Elle calme ses accès de nervosité par une respiration lourde, par des mouvements répétitifs qu'elle fait avec l'aiguille de la boutonnière, nettoyant la nappe de miettes, etc. Après tout, ce ne serait pas si mal si sa sœur était au courant de sa relation avec Kiriak, mais peut-être plutôt si son mari et puis ceux qui l'entouraient découvraient cette histoire. Elle sait qu'elle doit avant tout défendre l'honneur de père de famille de son mari, et c'est pourquoi elle ne peut pas se permettre d'aller à l'Union, pour ne pas ternir sa réputation. Sous la menace de Zitza de faire appel à Oncle, Véta se rétablit et s'anime soudainement. Elle défend son territoire en tant que femme mature et expérimentée, réussissant enfin à imposer sa volonté, au désespoir de sa sœur.

L'attitude qu'elle affiche envers Kiriak n'a presque rien d'érotique. Cela ressemble plutôt à une dispute conjugale qui, de temps en temps, est épicée de vœux à la manière de feuilletons romantiques tels *Les Mystères de Paris*, évoqués par Zitza. Les vœux sont présentés d'une manière expositive, mais avec une voix gémissante. Et pourtant, on ne peut pas l'accuser de faire semblant, car, à la fin de la scène que j'ai choisi de transposer, Véta est plus brûlante d'envie que jamais, comme toute héroïne désespérée qui se bat pour son amour. On pourrait dire que, par le développement des forces, des larmes, des soupirs, des gémissements, la femme de Dumitraké n'est assurée que de quelque chose qu'elle savait déjà : que par sa persuasion elle garde Kiriak près de soi.

Véta

Zitza

Zita semble être la contradiction incarnée. Elle ne vient pas rendre visite « les mains vides », mais avec des cornichons, qu'elle mange, d'ailleurs, à la fin de la scène, au milieu de hoquets et de paroles de deuil. À première vue, elle pourrait passer pour une « bonne dame », selon l'avis de Zoé, mais au fur et à mesure qu'elle commence à évoluer, on se rend compte que sa place bien méritée est toujours dans la banlieue. En l'interprétant, j'ai accentué le décalage entre l'image à laquelle elle veut ressembler et ce qu'elle est vraiment, glissant de l'image d'un moineau mignon et sautillant, à la femme sans instruction, mais qui sourirait à l'idée d'un mariage de raison, seulement pour y parvenir de quelque manière que ce soit. Avec son parapluie en dentelle et la plume blanche dans ses cheveux, elle n'hésite pas à caricaturer son mari : voix basse et gestes grossiers, inattendus pour une créature qui, à la première apparition, avait laissé une autre impression.

Elle semble être toujours dans un exercice d'exhibition pour attirer l'attention sur elle-même. En fait, elle pratique une sorte de théâtre forain, dans lequel l'événement extérieur remplace une existence dénuée d'intériorité. Un exemple est le geste de boire à la fin de la scène. La boisson l'aide à gagner en audace et lui donne le courage de passer d'un état à un autre. Nous ne la soupçonnons pas d'être stratégique dans ses impulsions au point d'utiliser le fait qu'elle connaît la connexion de sa sœur comme une arme contre elle. C'est plutôt une simple vengeance momentanée.

Zitza

Zitza

Mitza

S'agissant de Mitza, on pourrait croire qu'elle est une femme décente, mais on la surprend dans un moment malheureux : la trahison de son amant est au-delà de ses pouvoirs de compréhension et d'acceptation, et on voit les conséquences dans la scène que j'ai retenue. Confuse, sans repères, elle est prête à se faire justice ; en tout cas, *sa* justice, car, indignée, elle pourrait recourir au rasoir chez le coiffeur. L'arme tranchante, dans le cas de sa propre personne, lui fait peur : laisser tout le monde souffrir, mais pas elle-même. La tenue en désordre, la tête bandée et la démarche négligente, elle vient au salon de coiffure pour combattre le traître Naé. Mais la situation est contre lui, et à cause de l'obscurité causée par la colère, elle ne juge plus clairement. Avec des mouvements désarticulés, qui ne sont évidemment pas de salon, Mitza tente désespérément de régler le différend en sa faveur, mais la perte de la bouteille de vitriol la rend inintéressante pour Naé. Mitza recule comme une bête blessée, qui n'a impressionné personne, ressemblant plutôt à une femme qui est dans tous ses états et qui, en outre, suscite le rire des autres.

Mitza

Zoé

Les coordonnées sur lesquelles évolue le personnage Zoé sont différentes de celles des autres apparitions féminines. Zoé sait depuis le début qu'elle va gagner ; d'où la sécurité dont elle fait preuve. Ce fait se reflète dans ses gestes clairement projetés dans l'espace, dans son énoncé clair, ses répliques qui s'enchaînent donnant l'impression d'un texte parlé d'une manière neutre, sans nuances, dans son regard dur, parfois dépourvu du moindre brin de féminité. De temps en temps, juste pour l'amusement personnel, elle change de tactique et on lui voit un sourire, un flirt, mais avec une vague de mépris. Comme Mitza, elle ne croit pas au geste suprême, qu'elle ne fait que pour l'intimidation : elle imite le suicide par strangulation. La corde et la bouteille de pilules sont des trucs bon marché, des manifestations convenables de tragédienne, comparées à Véta dont l'implication est sincère. Zoé sait qu'elle se trouve dans une situation embarrassante, elle se rend compte qu'elle peut faire face, tout ce qui la dérange c'est le possible ombrage de l'image, dû à l'inefficacité du mâle qui aurait dû la protéger. C'est pourquoi la réplique à la fin – « Laisse-moi ! » – est dite avec mépris et arrogance.

Zoé

Zoé

Argument

En 1986, j'assistais à la première du spectacle *O noapte furtunoasă* [*Une nuit orageuse*], présenté au Teatrul Național [Théâtre national] d'Iași, sous la direction d'Ovidiu Lazăr. Dans la première loge du rez-de-chaussée, à travers les yeux d'une fillette de six ans, je suivais mon père dans le rôle de Spiridon.

Comme toute première théâtrale de cette époque, j'étais le témoin d'un événement que toute la communauté artistique, et d'autres encore, attendaient avec impatience. La salle du Teatrul Național [Théâtre national] d'Iași, ornée de candélabres coûteux et de peintures incomparables pour l'enfant que j'étais à cette époque, était à nouveau bondée. Le gong qui marque le commencement du spectacle et le rideau de velours rouge qui s'écarte sont restés gravés dans ma mémoire à jamais. L'acte I, scène 1 s'ouvre sur la présence de Dumitraké (Teofil Vâlcu) et d'Ipingesco (Emil Coșeru) dans l'avant-scène, dans un dialogue à table.

Peu à peu, j'identifiais des gens connus : Teofil Vâlcu (Dumitraké), Emil Coșeru (Ipingesco), Dionisie Vitcu (Kiriak), Sergiu Tudose (Rica Venturiano), Doru Zaharia (Spiridon), Violeta Popescu (Véta) et Carmen Tănase (Zitza), dont l'apparition sur la scène suscitait en moi, à ce moment-là, joie, admiration, voire fascination.

Sans aucun doute, l'effet était redoublé par le contexte historique dans lequel nous nous trouvions tous, à savoir la grisaille de l'ère communiste. Contrairement à mes camarades de jeu, élevés dans des familles ouvrières du quartier socialiste que j'ai habité, j'avais reçu une éducation culturelle vécue en direct. Avec le temps, j'ai compris que le privilège qui m'avait été accordé ne venait pas du hasard. Il me rendait responsable de rendre ce que j'avais reçu.

J'ai revu le spectacle d'innombrables fois, toujours dans la même loge. À chaque fois, la salle se remplissait, car le spectacle lui-même était au goût du public pour au moins deux raisons : une fois de plus, on jouait Caragiale à Iași. Ce fait est bien sûr enregistré dans les publications des critiques, suivi par les hommes de théâtre de Roumanie. Dans ma thèse de doctorat, je me suis concentrée sur plusieurs productions qui ont marqué l'espace du spectacle roumain. Mais n'anticipons pas trop. Une autre raison était que la distribution comprenait des acteurs célèbres du Teatrul Național [Théâtre national] d'Iași, une bonne occasion de comparer leur interprétation avec celles d'autres époques.

Avant et après le spectacle, je me trouvais dans les coulisses avec mon père. J'étais attirée par les robes vintage de Violeta Popescu (Véta) et de Carmen Tănase (Zitza). Elles m'ont reçu avec gentillesse dans leurs cabines, où je pus étudier à volonté leurs costumes, le maquillage, je les écoutais répéter leur rôle ou faire des exercices de diction. Je crois que la technique d'impostation de la voix n'a été mieux maîtrisée par personne d'autre que Teofil Vâlcu. Je me souviens de sa voix impétueuse sur la scène, dans les coulisses ou lors de rencontres amicales. D'ailleurs, il commençait le spectacle avec sa voix incomparable et c'était comme si nous entrions tous sous le charme éternel du théâtre.

Doru Zaharia dans le rôle de Spiridon, 1986

Puis je me souviens de Spiridon. Dans l'interprétation de mon père, l'acteur Doru Zaharia apparaît comme un jeune homme intelligent et curieux, un personnage omniprésent qui guette toute l'action dont il veut à tout prix s'échapper. « Étant donné la suggestion de la fin d'un cercle fermé, Doru Zaharia (Spiridon) rejoint avec résignation le monde dont il voulait s'échapper, nous allons mieux réfléchir au visage de ce monde et y découvrir les points d'incohérence[161]. »

À juste titre, on pense « au contraste naturel entre ce que les gens sont et ce qu'ils veulent être », comme le mentionnait Nicolae Iorga dans son *Istorie a literaturii românești contemporane*.

Sans aucun doute, la rencontre avec les personnages de Caragiale à un âge tendre m'a aidé à approfondir le phénomène Caragiale, tel qu'il a été perçu à différentes époques. L'attachement à ses personnages féminins est liée à une motivation personnelle issue de la synchronicité dont la vie nous fait parfois cadeau et sans laquelle ce livre n'aurait pas été possible. J'ai découvert Véta et Zitza lorsque j'avais six ans et je les ai joués à trente ans, en tant que comédienne. Cependant, elles sont restées invariables, égales à elles-mêmes, des typologies humaines de référence pour la dramaturgie roumaine, mais aussi européenne.

---

[161] C. Paraschivescu, *O noapte furtunoasă*, dans *Teatrul*, n° 11-12, 1986, p. 73.

Table des matières

Sommaire   7

Prefață
Ioana Raluca Zaharia, în joc de oglinzi   9
par Florin Faifer

À travers les siècles,
Raluca bras-à-bras avec Luca
Étude introductive   13
par Alice Toma et Baudouin Decharneux

1. Des prémisses théoriques   17

Bavardages chez Caragiale.
À propos de la communication dans les comédies
de Ion Luca Caragiale 23
Les facettes du personnage féminin 27
Les Comédies matrimoniales, essence et apparence 37

2. Ion Luca Caragiale et Eugène Ionesco – sources et interférences   43

Le personnage – nuances psychologiques révélées
par le langage 47

Deux marques indubitables : le comique
de Caragiale et l'absurde d'Ionesco..................................54
Sous le signe du grotesque 62
Point. À la ligne..66

3. Valences sémantiques de la technique de jeu 67

Quelques éléments de l'art de l'acteur dans
la construction du personnage du point de vue des
théoriciens du théâtre..69
Sur l'art de l'acteur : Caragiale face aux théoriciens du
théâtre européen 76
La construction sémantique des personnages féminins 82
Quelques remarques à la fin du chapitre....................87

4. Perspectives innovatrices d'acteur et de metteur en scène 89

Caragiale – metteur en scène..................................91
Quelques règles de mise en scène 92
La période 1919-1944..92
Les années 1945-1980..94
Après 1990 105
D'autres mises en scène des textes de Caragiale
sur les scènes de Roumanie....................................110

Conclusions 127

Bibliografie / Bibliographie 129

Annexe 133

Argument 141

Parus dans la collection
« Divin et Sacré »

Paul-louis Van berg, *Ninos, David et Romulus. La construction de l'État.* ISBN : 978-2-8066-3782-6 • 2023 • 300 pages.

Bernadette Rigal-Cellard, Massimo Introvigne (dir.), *La scientology. Sur la scène religieuse et sociale contemporaine.* ISBN : 978-2-8066-3769-7 • 2022 • 254 pages.

Alice Toma, Baudouin Decharneux (dir.), *Royauté(s). Entre historicités et imaginaire.* ISBN : 978-2-8066-3733-8 • 2021 • 480 pages.

Alice Toma, Baudouin Decharneux, Diana Painca (dir.), *Poétique, mythe et croyances. Volume 2.* ISBN : 978-2-8066-3697-3 • 2020 • 458 pages.

Bernadette Rigal-Cellard, *Les douze tribus. La communauté messianique de Sus en France.* ISBN : 978-2-8066-3673-7 • 2019 • 126 pages.

Grégoire Langouët, *Messianisme : entre gnose et apocalypse. Jésus de Nazareth et Sabbataï Tsevi.* ISBN : 978-2-8066-3643-0 • 2018 • 228 pages.

Alice Toma, Baudouin Decharneux (dir.), *Poétique, mythe et croyances. Volume 1.* ISBN : 978-2-8066-3628-7 • 2018 • 458 pages.

…

Retrouvez toutes nos publications sur
www.eme-editions.be